BULLETIN OFFICIEL
DU
MINISTÈRE DE LA GUERRE.

CONDITION CIVILE ET POLITIQUE
DES MILITAIRES.

Édition mise à jour des textes en vigueur
jusqu'au 1er septembre 1898.

PARIS
HENRI CHARLES-LAVAUZELLE
Éditeur militaire
118, Boulevard Saint-Germain, Rue Danton, 10

(MÊME MAISON A LIMOGES)

BULLETIN OFFICIEL

DU

MINISTÈRE DE LA GUERRE.

CONDITION CIVILE ET POLITIQUE

DES MILITAIRES.

Édition mise à jour des textes en vigueur
jusqu'au 1er septembre 1898.

PARIS
HENRI CHARLES-LAVAUZELLE
Éditeur militaire
118, Boulevard Saint-Germain, Rue Danton, 10

(MÊME MAISON A LIMOGES)

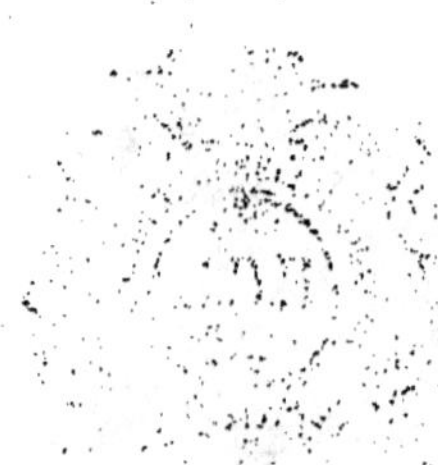

BULLETIN OFFICIEL

DU

MINISTÈRE DE LA GUERRE.

CONDITION CIVILE ET POLITIQUE

DES MILITAIRES.

DISPOSITIONS GÉNÉRALES.

Actes de l'état civil (Alsace-Lorraine).

N° 1. *Note ministérielle relative aux actes de l'état civil délivrés en Alsace-Lorraine et produits en France, et réciproquement.* (C. Min.; Correspondance générale.)

Paris, le 15 septembre 1874.

Le Vice-Président du Conseil, Ministre de la guerre, rappelle aux diverses autorités militaires, qu'aux termes de l'arrangement intervenu le 14 juin 1872 entre la France et l'Allemagne, les actes de l'état civil, les documents judiciaires et autres analogues, délivrés en Alsace-Lorraine et produits en France, et réciproquement, doivent être admis par les autorités compétentes des deux pays lorsqu'ils ont été légalisés, soit par le président d'un tribunal, soit par un juge de paix ou son suppléant.

Il n'y a pas lieu, par conséquent, de réclamer, pour ceux de ces actes qui sont présentés aux autorités militaires françaises, la légalisation de l'ambassade de France en Allemagne.

Actes de naissance sur papier libre.

N° 1. *Note ministérielle indiquant la voie à suivre, par les conseils d'administration des corps, pour se procurer les expéditions d'actes de l'état civil dont la production est prescrite par les règlements militaires.* (Bureau de l'Habillement.)

Paris, le 17 décembre 1866.

L'examen des comptes des masses générales d'entretien a donné lieu de constater que les conseils d'administration des corps de troupes ne suivent pas tous la même marche pour se procurer les actes de naissance des militaires sous les drapeaux, dans les circonstances où la production de ces pièces est exigée par les règlements.

A l'avenir, ces actes, pour quelque cause qu'ils soient réclamés (promotion des caporaux ou brigadiers au grade de sous-officier, instruction de propositions d'admission à la retraite ou pour la réforme avec gratification renouvelable, etc.), devront être demandés à MM. les maires des communes du lieu de naissance, qui sont autorisés par la loi à les délivrer sur papier libre et par conséquent sans frais.

Le Ministre rappelle, à cette occasion, que les présidents des conseils d'administration jouissent du droit de correspondre en franchise *sous bandes*, avec les maires, dans toute l'étendue de l'Empire, relativement à la délivrance des actes de l'état civil concernant les militaires en activité.

Nationalité.

N° 1. *Décret qui rend exécutoire la convention conclue entre la France et la Suisse pour régulariser la situation des enfants des Français naturalisés Suisses.*

Paris, le 7 juillet 1880.

Le Président de la République française,

Sur la proposition du Président du Conseil, Ministre des affaires étrangères,

Décrète :

Art. 1er. Le Sénat et la Chambre des députés ayant approuvé la convention conclue le 29 juillet 1879 entre la France et la

Suisse, pour régulariser la situation des enfants des Français naturalisés Suisses, et les ratifications de cet acte ayant été échangées à Paris, le 6 juillet 1880, ladite convention, dont la teneur suit, recevra sa pleine et entière exécution.

CONVENTION.

Le Président de la République française et le Conseil fédéral de la Confédération suisse ayant reconnu la nécessité de conclure une convention, afin de régler, au point de vue de la nationalité et du service militaire, la situation des enfants de Français naturalisés Suisses, ont nommé, à cet effet, pour leurs plénipotentiaires, savoir :

Le Président de la République française,

M. WADDINGTON, sénateur, président du conseil, Ministre des affaires étrangères;

Le Conseil fédéral de la Confédération suisse,

M. Jean-Conrad KERN, envoyé extraordinaire et ministre plénipotentiaire de la Confédération suisse près la République française;

Lesquels, après s'être communiqué leurs pleins pouvoirs, trouvés en bonne et due forme, sont convenus des articles suivants :

« Art. 1er. Les individus dont les parents, Français d'origine, se font naturaliser Suisses, et qui sont mineurs au moment de cette naturalisation, auront le droit de choisir, dans le cours de leur 22e année, entre les deux nationalités française et suisse. Ils seront considérés comme Français jusqu'au moment où ils auront opté pour la nationalité suisse.

« Art. 2. L'option pour la nationalité suisse résultera d'une déclaration faite par l'intéressé devant l'autorité municipale française ou suisse du lieu de sa résidence. Si l'intéressé ne réside ni sur le territoire français ni sur le territoire suisse, il pourra faire cette déclaration devant les agents diplomatiques ou consulaires de l'un ou de l'autre Etat. Il pourra se faire représenter par un mandataire pourvu d'une procuration spéciale et légalisée.

« Ceux qui n'auront pas effectué cette déclaration dans le cours de leur 22e année seront considérés comme ayant définitivement conservé la nationalité française.

« Art. 3. Les jeunes gens à qui est conféré ce droit d'option ne seront pas astreints au service militaire en France avant d'avoir accompli leur 22e année. Toutefois, ils pourront, sur leur demande, remplir avant leur majorité leurs obligations militaires, ou s'engager dans l'armée française, à la condition de renoncer à leur droit d'option pour la nationalité suisse. Cette renonciation devra être faite par les intéressés, avec le consentement de leurs représentants légaux, dans les mêmes formes et devant les mêmes autorités que les déclarations d'option.

« Art. 4. Toute déclaration d'option ou de renonciation au droit d'opter sera communiquée à l'autre gouvernement par celui qui l'aura reçue.

Disposition transitoire.

« Art. 5. Les enfants mineurs des Français naturalisés Suisses avant la mise en vigueur de la présente convention, qui, par suite de la non-concordance des législations des deux pays, sont considérés de part et d'autre comme Français et Suisses, bénéficieront de la règle établie dans l'article 3.

« En déclarant, dans le cours de leur 22e année et conformément aux dispositions de l'article 2, leur intention d'être Suisses, ils cesseront d'être considérés en France comme Français.

« Ceux d'entre eux qui auront atteint leur 21e année avant la mise en vigueur de la présente convention pourront faire la même déclaration dans le délai d'un an, après que ladite convention sera devenue exécutoire. — Ce délai sera de deux ans en faveur de ceux qui, au moment de la mise à exécution de la présente convention, ne résideraient ni en France ni en Suisse.

« Art. 6. La présente convention est conclue pour cinq années à partir du jour de l'échange des ratifications.

« Dans le cas où aucune des Hautes Parties contractantes n'aurait notifié, une année avant l'expiration de ce terme, son intention d'en faire cesser les effets, la convention continuera d'être obligatoire encore une année, et ainsi de suite d'année en année, à compter du jour où l'une des parties l'aura dénoncée.

« Art. 7. La présente convention sera soumise à l'approbation des pouvoirs législatifs.

« Les ratifications en seront échangées à Paris et la convention entrera en vigueur aussitôt que faire se pourra.

« En foi de quoi, les Plénipotentiaires respectifs l'ont signée et y ont apposé le sceau de leurs armes.

« Fait à Paris, le 23 juillet 1879.

« L. S. (signé) : WADDINGTON.
« L. S. (signé) : KERN ».

Art. 2. Le Président du Conseil, Ministre des affaires étrangères, est chargé de l'exécution du présent décret.

Fait à Paris, le 7 juillet 1880.

Signé : JULES GRÉVY.

Par le Président de la République :

Le Président du Conseil,
Ministre des affaires étrangères,

Signé : C. DE FREYCINET.

N° 2. *Loi sur la nationalité du* 26 *juin* 1889 *modifiée par la loi du* 22 *juillet* 1893.

LE SÉNAT ET LA CHAMBRE DES DÉPUTÉS ONT ADOPTÉ,

LE PRÉSIDENT DE LA RÉPUBLIQUE PROMULGUE LA LOI dont la teneur suit :

Art. 1er. Les articles 7, 8, 9, 10, 12, 13, 17, 18, 19, 20 et 21 du Code civil sont modifiés ainsi qu'il suit :

« Art. 7. L'exercice des droits civils est indépendant de l'exercice des droits politiques, lesquels s'acquièrent et se conservent conformément aux lois constitutionnelles et électorales.

« Art. 8. Tout Français jouira des droits civils.

« Sont Français :

« 1° Tout individu né d'un Français en France ou à l'étranger.

« L'enfant naturel dont la filiation est établie pendant la minorité, par reconnaissance ou par jugement, suit la nationalité de celui des parents à l'égard duquel la preuve a d'abord été faite. Si elle résulte pour le père ou la mère du même acte ou du même jugement, l'enfant suivra la nationalité du père;

« 2° Tout individu né en France de parents inconnus ou dont la nationalité est inconnue;

Nouvelle rédaction du 3° (Loi du 22 juillet 1893).

« Est Français . . . .

« 3° Tout individu né en France de parents étrangers dont l'un y est lui-même né, sauf la faculté pour lui, si c'est la mère qui est née en France, de décliner dans l'année qui suivra sa majorité la qualité de Français, en se conformant aux dispositions du paragraphe 4 ci-après.

« L'enfant naturel pourra, aux mêmes conditions que l'enfant légitime, décliner la qualité de Français quand le parent qui est né en France n'est pas celui dont il devrait, aux termes du paragraphe 1er, deuxième alinéa, suivre la nationalité.

« Les individus auxquels l'article 8, paragraphe 3 modifié, réserve la faculté de réclamer la qualité d'étranger et qui auront atteint leur majorité à l'époque de la promulgation de la présente loi pourront réclamer cette qualité, en remplissant les conditions prescrites, dans le délai d'un an à partir de cette promulgation.

« 4° Tout individu né en France d'un étranger et qui, à l'époque de sa majorité, est domicilié en France, à moins que, dans l'année qui suit sa majorité, telle qu'elle est réglée par la loi française, il n'ait décliné la qualité de Français et prouvé qu'il a conservé la nationalité de ses parents par une attestation en due forme de son gouvernement, laquelle demeurera annexée à la déclaration, et qui n'ait en outre produit, s'il y a lieu, un certificat constatant qu'il a répondu à l'appel sous les drapeaux, conformément à la loi militaire de son pays, sauf les exceptions prévues aux traités;

« 5° Les étrangers naturalisés.

« Peuvent être naturalisés :

« 1° Les étrangers qui ont obtenu l'autorisation de fixer leur domicile en France, conformément à l'article 13 ci-dessous, après trois ans de domicile en France, à dater de l'enregistrement de leur demande au ministère de la justice ;

« 2° Les étrangers qui peuvent justifier d'une résidence non interrompue pendant dix années.

« Est assimilé à la résidence en France le séjour en pays étranger pour l'exercice d'une fonction conférée par le gouvernement français ;

« 3° Les étrangers admis à fixer leur domicile en France, après un an, s'ils ont rendu des services importants à la France, s'ils y ont apporté des talents distingués, ou s'ils y ont introduit soit une industrie, soit des inventions utiles, ou s'ils ont créé soit des établissements industriels ou autres, soit des exploitations agricoles, ou s'ils ont été attachés, à un titre quelconque, au service militaire dans les colonies et les protectorats français;

« 4° L'étranger qui a épousé une Française, aussi après une année de domicile autorisé.

« Il est statué par décret sur la demande de naturalisation, après une enquête sur la moralité de l'étranger.

« Art. 9. Nouvelle rédaction (Loi du 22 juillet 1893).

« Tout individu né en France d'un étranger et qui n'y est pas domicilié à l'époque de sa majorité pourra, jusqu'à l'âge de vingt-deux ans accomplis, faire sa soumission de fixer en France son domicile, et, s'il l'y établit dans l'année à compter de l'acte de soumission, réclamer la qualité de Français par une déclaration qui sera, à peine de nullité, enregistrée au ministère de la justice.

« L'enregistrement sera refusé s'il résulte des pièces produites que le déclarant n'est pas dans les conditions requises par la loi, sauf à lui à se pourvoir devant les tribunaux civils, dans la forme prescrite par les articles 855 et suivants du Code de procédure civile.

« La notification motivée du refus devra être faite au réclamant dans le délai de deux mois à partir de sa déclaration.

« L'enregistrement pourra en outre être refusé, pour cause d'indignité, au déclarant qui réunirait toutes les conditions légales; mais, dans ce cas, il devra être statué, le déclarant dûment avisé, par décret rendu sur l'avis conforme du Conseil d'Etat, dans le délai de trois mois à partir de la déclaration ou, s'il y a eu contestation, du jour où le jugement qui a admis la réclamation est devenu définitif.

« Le déclarant aura la faculté de produire devant le Conseil d'État des pièces et des mémoires.

« A défaut des notifications ci-dessus visées dans les délais susindiqués, et à leur expiration, le Ministre de la justice remettra au déclarant, sur sa demande, une copie de sa déclaration, revêtue de la mention de l'enregistrement.

« La déclaration produira ses effets du jour où elle aura été faite, sauf l'annulation qui pourra résulter du refus d'enregistrement.

« Les règles relatives à l'enregistrement prescrites par les paragraphes 2 et 3 du présent article sont applicables aux déclarations faites en vue de décliner la nationalité française, conformément à l'article 8, paragraphes 3 et 4, et aux articles 12 et 18.

« Les déclarations faites soit pour réclamer, soit pour décliner la qualité de Français, doivent, après enregistrement, être insérées au *Bulletin des lois*. Néanmoins, l'omission de cette formalité ne pourra pas préjudicier aux droits des déclarants.

« Si l'individu qui réclame la qualité de Français est âgé de moins de vingt et un ans accomplis, la déclaration sera faite en son nom par son père; en cas de décès, par sa mère; en cas de décès du père et de la mère ou de leur exclusion de la tutelle, ou dans les cas prévus par les articles 141, 142 et 143 du Code civil, par le tuteur autorisé par délibération du conseil de famille.

« Il devient également Français si, ayant été porté sur le tableau de recensement, il prend part aux opérations du recrutement sans opposer son extranéité.

« Art. 10. Tout individu né en France ou à l'étranger de parents dont l'un a perdu la qualité de Français pourra réclamer cette qualité à tout âge, aux conditions fixées par l'article 9, à moins que, domicilié en France et appelé sous les drapeaux, lors de sa majorité, il n'ait revendiqué la qualité d'étranger.

« Art. 12. L'étrangère qui aura épousé un Français suivra la condition de son mari.

« La femme mariée à un étranger qui se fait naturaliser Français et les enfants majeurs de l'étranger naturalisé pourront, s'ils le demandent, obtenir la qualité de Français, sans condition de stage, soit par le décret qui confère cette qualité au mari ou au père ou à la mère, soit comme conséquence de la déclaration qu'ils feront dans les termes et sous les conditions de l'article 9.

« Deviennent Français les enfants mineurs d'un père ou d'une mère survivant qui se font naturaliser Français, à moins que, dans l'année qui suivra leur majorité, ils ne déclinent cette qualité en se conformant aux dispositions de l'article 8, paragraphe 4.

« Art. 13. L'étranger qui aura été autorisé par décret à fixer son domicile en France y jouira de tous les droits civils.

« L'effet de l'autorisation cessera à l'expiration de cinq années, si l'étranger ne demande pas la naturalisation, ou si la demande est rejetée.

« En cas de décès avant la naturalisation, l'autorisation et le temps de stage qui a suivi profiteront à la femme et aux enfants qui étaient mineurs au moment du décret d'autorisation.

« Art. 17. Perdent la qualité de Français :

« 1° Le Français naturalisé à l'étranger ou celui qui acquiert sur sa demande la nationalité étrangère par l'effet de la loi.

« S'il est encore soumis aux obligations du service militaire pour l'armée active, la naturalisation à l'étranger ne fera perdre la qualité de Français que si elle a été autorisée par le gouvernement français ;

« 2° Le Français qui a décliné la nationalité française dans les cas prévus au paragraphe 4 de l'article 8 et aux articles 12 et 18 ;

« 3° Le Français qui, ayant accepté des fonctions publiques conférées par un gouvernement étranger, les conserve nonobstant l'injonction du gouvernement français de les résigner dans un délai déterminé ;

« 4° Le Français qui, sans autorisation du gouvernement, prend du service militaire à l'étranger, sans préjudice des lois pénales contre le Français qui se soustrait aux obligations de la loi militaire.

« Art. 18. Le Français qui a perdu sa qualité de Français peut la recouvrer pourvu qu'il réside en France, en obtenant sa réintégration par décret. La qualité de Français pourra être accordée par le même décret à la femme et aux enfants majeurs s'ils en font la demande. Les enfants mineurs du père ou de la mère réintégrés deviennent Français, à moins que, dans l'année qui suivra leur majorité, ils ne déclinent cette qualité en se conformant aux dispositions de l'article 8, paragraphe 4.

« Art. 19. La femme française qui épouse un étranger suit la condition de son mari, à moins que son mariage ne lui confère pas la nationalité de son mari, auquel cas elle reste Française. Si son mariage est dissous par la mort du mari ou le divorce, elle recouvre la qualité de Française, avec l'autorisation du gouvernement, pourvu qu'elle réside en France ou qu'elle y rentre, en déclarant qu'elle veut s'y fixer.

« Dans le cas où le mariage est dissous par la mort du mari, la qualité de Français peut être accordée par le même décret de réintégration aux enfants mineurs, sur la demande de la mère, ou par un décret ultérieur si la demande en est faite par le tuteur avec l'approbation du conseil de famille.

« Art. 20. Les individus qui acquerront la qualité de Français dans les cas prévus par les articles 9, 10, 18 et 19 ne pourront s'en prévaloir que pour les droits ouverts à leur profit depuis cette époque.

« Art. 21. Le Français qui, sans autorisation du gouvernement, prendrait du service militaire à l'étranger, ne pourra rentrer en France qu'en vertu d'une permission accordée par décret, et recouvrer la qualité de Français qu'en remplissant les conditions imposées en France à l'étranger pour obtenir la naturalisation ordinaire. »

Art. 2. La présente loi est applicable à l'Algérie et aux colonies de la Guadeloupe, de la Martinique et de la Réunion.

Continueront toutefois de recevoir leur application, le sénatus-consulte du 14 juillet 1865 et les autres dispositions spéciales à la naturalisation en Algérie.

Art. 3. L'étranger naturalisé jouit de tous les droits civils et politiques attachés à la qualité de citoyen français. Néanmoins, il n'est éligible aux assemblées législatives que dix ans après le décret de naturalisation, à moins qu'une loi spéciale n'abrège ce délai. Le délai pourra être réduit à une année.

Les Français qui recouvrent cette qualité après l'avoir perdue acquièrent immédiatement tous les droits civils et politiques, même l'éligibilité aux assemblées législatives.

Art. 4. Les descendants des familles proscrites lors de la révocation de l'édit de Nantes continueront à bénéficier des dispositions de la loi du 15 décembre 1790, mais à la condition d'un décret spécial pour chaque demandeur. Ce décret ne produira d'effet que pour l'avenir.

Art. 5. Pour l'exécution de la présente loi, un règlement d'administration publique déterminera : 1° les conditions auxquelles ses dispositions seront applicables aux colonies autres que celles dont il est parlé à l'article 2 ci-dessus, ainsi que les formes à suivre pour la naturalisation dans les colonies; 2° les formalités à remplir et les justifications à faire relativement à la naturalisation ordinaire et à la naturalisation de faveur, dans les cas prévus par les articles 9 et 10 du Code civil, ainsi qu'à la renonciation à la qualité de Français, dans les cas prévus par les articles 8 (paragraphe 4), 12 et 18.

Art. 6. Sont abrogés les décrets des 6 avril 1809 et 26 août 1811; les lois des 22 mars 1849, 7 février 1851, 29 juin 1867, 16 décembre 1874, 14 février 1882, 28 juin 1883, et toutes les dispositions contraires à la présente loi.

DISPOSITIONS TRANSITOIRES.

Toute admission à domicile obtenue antérieurement à la présente loi sera périmée si, dans un délai de cinq années à compter de la promulgation, elle n'a pas été suivie d'une demande en naturalisation, ou si la demande en naturalisation a été rejetée.

La présente loi, délibérée et adoptée par le Sénat et par la Chambre des députés, sera exécutée comme loi de l'Etat.

Fait à Paris, le 26 juin 1889.

Signé : CARNOT.

Par le Président de la République :

Le Garde des sceaux,
Ministre de la justice et des cultes,
Signé : THÉVENET.

Actes de l'état civil aux armées ou dans le cours d'un voyage maritime.

Actes de procuration, de consentement et d'autorisation.

N° 1. *Loi relative aux actes de procuration, de consentement et d'autorisation dressés aux armées ou dans le cours d'un voyage maritime.*

Paris, le 8 juin 1893.

LE SÉNAT ET LA CHAMBRE DES DÉPUTÉS ONT ADOPTÉ,

LE PRÉSIDENT DE LA RÉPUBLIQUE PROMULGUE LA LOI dont la teneur suit :

Art. 1er. En temps de guerre ou pendant une expédition, les actes de procuration, les actes de consentement à mariage ou à engagement militaire et les déclarations d'autorisation maritale, consentis ou passés par les militaires, les marins de l'Etat, ou les personnes employées à la suite des armées ou embarquées à bord des bâtiments de l'Etat, pourront être dressés par les fonctionnaires de l'intendance ou les officiers du commissariat.

A défaut de fonctionnaires de l'intendance ou d'officiers du commissariat, les mêmes actes pourront être dressés : 1° dans les détachements isolés, par l'officier commandant pour toutes les personnes soumises à son commandement ; 2° dans les formations ou établissements sanitaires dépendant des armées, par les officiers d'administration gestionnaires pour les personnes soignées ou employées dans ces formations ou établissements ; 3° à bord des bâtiments qui ne comportent pas d'officier d'administration, par le commandant ou celui qui en remplit les fonctions ; 4° dans les hôpitaux maritimes et coloniaux, sédentaires ou ambulants, par le médecin directeur ou son suppléant pour les personnes soignées ou employées dans ces hôpitaux.

Art. 2. Au cours d'un voyage maritime, soit en route, soit pendant un arrêt dans un port, les mêmes actes concernant les personnes présentes à bord pourront être dressés : sur les bâtiments de l'Etat, par l'officier d'administration ou, à son défaut, par le commandant ou celui qui en remplit les fonctions, et sur les autres bâtiments, par le capitaine, maître ou patron assisté par le second du navire ou, à leur défaut, par ceux qui les remplacent.

Ils pourront de même être dressés, dans les hôpitaux maritimes ou coloniaux, sédentaires ou ambulants, par le médecin directeur ou son suppléant, pour les personnes employées ou soignées dans ces hôpitaux.

Art. 3. Hors de France, la compétence des fonctionnaires et officiers désignés aux deux articles précédents sera absolue.

En France, elle sera limitée au cas où les intéressés ne pourront s'adresser à un notaire. Mention de cette impossibilité sera consignée dans l'acte.

Art. 4. Les actes reçus dans les conditions indiquées en la présente loi seront rédigés en brevet.

Ils seront légalisés : par le commissaire aux armements s'ils ont été dressés à bord d'un bâtiment de l'Etat; par l'officier du commissariat chargé de l'inscription maritime s'ils ont été dressés sur un bâtiment de commerce; par un fonctionnaire de l'intendance ou par un officier du commissariat s'ils ont été dressés dans un corps de troupe et par le médecin-chef s'ils ont été dressés dans un hôpital ou une formation sanitaire militaire.

Ils ne pourront être valablement utilisés qu'à la condition d'être timbrés et après avoir été enregistrés.

La présente loi, délibérée et adoptée par le Sénat et par la Chambre des députés, sera exécutée comme loi de l'Etat.

Fait à Paris, le 8 juin 1893.

Signé : CARNOT.

Par le Président de la République ;

Le Ministre de la marine,
Signé : RIEUNIER.

Le Ministre de la guerre,
Signé : Gal LOIZILLON.

Le Garde des sceaux, Ministre de la justice,
Signé : E. GUÉRIN.

Le Ministre des affaires étrangères,
Signé : Jules DEVELLE.

Modifications au Code civil.

N° 1. *Loi portant modification des dispositions du Code civil relatives à certains actes de l'état civil et aux testaments faits soit aux armées, soit au cours d'un voyage maritime.*

Paris, le 8 juin 1893.

LE SÉNAT ET LA CHAMBRE DES DÉPUTÉS ONT ADOPTÉ,

LE PRÉSIDENT DE LA RÉPUBLIQUE PROMULGUE LA LOI dont la teneur suit :

Art. 1er. Les articles 47, 48, 59 à 62, 80, 86 à 98 et l'intitulé du chapitre 5 du titre II du livre Ier du Code civil sont modifiés ainsi qu'il suit :

« ARTICLE 47.

« (Le commencement comme à l'article du Code.)

« Lorsqu'un de ces actes concernant des Français sera transmis au ministère des affaires étrangères, il y restera déposé pour en être délivré expédition.

« ARTICLE 48.

« (Le commencement comme à l'article du Code.)

« Un double des registres de l'état civil tenus par ces agents sera adressé, à la fin de chaque année, au Ministre des affaires étrangères, qui en assurera la garde et pourra en délivrer des extraits.

« ARTICLE 59.

« En cas de naissance pendant un voyage maritime, il en sera dressé acte dans les trois jours de l'accouchement, en présence du père s'il est à bord, et de deux témoins pris parmi les officiers du bâtiment ou, à leur défaut, parmi les hommes de l'équipage.

« Si la naissance a lieu pendant un arrêt dans un port, l'acte sera dressé dans les mêmes conditions, lorsqu'il y aura impossibilité de communiquer avec la terre ou lorsqu'il n'existera pas dans le port, si l'on est à l'étranger, d'agent diplomatique ou consulaire français investi des fonctions d'officier de l'état civil.

« Cet acte sera rédigé, savoir : sur les bâtiments de l'Etat, par l'officier du commissariat de la marine ou, à son défaut, par le commandant ou celui qui en remplit les fonctions, et sur les autres bâtiments, par le capitaine, maître ou patron, ou celui qui en remplit les fonctions.

« Il y sera fait mention de celle des circonstances ci-dessus prévues dans laquelle l'acte a été dressé.

« L'acte sera inscrit à la suite du rôle d'équipage.

« ARTICLE 60.

« Au premier port où le bâtiment abordera pour toute autre cause que celle de son désarmement, l'officier instrumentaire sera tenu de déposer deux expéditions de chacun des actes de naissance dressés à bord.

« Ce dépôt sera fait, savoir : si le port est français, au bureau des armements par les bâtiments de l'Etat, et au bureau de l'inscription maritime par les autres bâtiments; si le port est étranger, entre les mains du consul de France. Au cas où il ne se trouverait pas dans ce port de bureau des armements, de bureau de l'inscription maritime ou de consul, le dépôt serait ajourné au plus prochain port d'escale ou de relâche.

« L'une des expéditions déposées sera adressée au Ministre de la marine, qui la transmettra à l'officier de l'état civil du dernier domicile du père de l'enfant ou de la mère si le père est inconnu, afin qu'elle soit transcrite sur les registres; si le dernier domicile ne peut être retrouvé ou s'il est hors de France, la transcription sera faite à Paris.

« L'autre expédition restera déposée aux archives du consulat ou du bu reau de l'inscription maritime.

« Mention des envois et dépôts effectués conformément aux prescriptions du présent article sera portée en marge des actes originaux par les commissaires de l'inscription maritime ou par les consuls.

« ARTICLE 61.

« A l'arrivée du bâtiment dans le port de désarmement, l'officier instrumentaire sera tenu de déposer, en même temps que le rôle d'équipage, une expédition de chacun des actes de naissance dressés à bord dont copie n'aurait point été déjà déposée conformément aux prescriptions de l'article précédent.

« Ce dépôt sera fait, pour les bâtiments de l'Etat, au bureau des armements et, pour les autres bâtiments, au bureau de l'inscription maritime.

« L'expédition ainsi déposée sera adressée au Ministre de la marine, qui la transmettra comme il est dit à l'article précédent.

« ARTICLE 62.

« L'acte de reconnaissance d'un enfant naturel sera inscrit sur les registres à sa date et il en sera fait mention en marge de l'acte de naissance, s'il en existe un.

« Dans les circonstances prévues à l'article 59, la déclaration de reconnaissance pourra être reçue par les officiers instrumentaires désignés en cet article et dans les formes qui y sont indiquées.

« Les dispositions des articles 60 et 61 relatives au dépôt et aux transmissions seront, dans ce cas, applicables. Toutefois, l'expédition adressée au Ministre de la marine devra être transmise par lui, de préférence, à l'officier de l'état civil du lieu où l'acte de naissance de l'enfant aura été dressé ou transcrit, si ce lieu est connu.

« ARTICLE 80.

« En cas de décès dans les hôpitaux ou les formations sanitaires, les hôpitaux maritimes, coloniaux, civils ou autres établissements publics, soit en France, soit dans les colonies ou les pays de protectorat, les directeurs, administrateurs ou maîtres de ces hôpitaux ou établissements devront en donner avis, dans les vingt-quatre heures, à l'officier de l'état civil ou à celui qui en remplit les fonctions.

« Celui-ci s'y transportera pour s'assurer du décès et en dressera l'acte, conformément à l'article précédent, sur les déclarations qui lui auront été faites et sur les renseignements qu'il aura pris.

« Il sera tenu dans lesdits hôpitaux, formations sanitaires et établissements, un registre sur lequel seront inscrits ces déclarations et renseignements.

« L'officier de l'état civil qui aura dressé l'acte de décès enverra, dans le plus bref délai, à l'officier de l'état civil du dernier domicile du défunt une expédition de cet acte, laquelle sera immédiatement transcrite sur les registres.

« Article 86.

« En cas de décès pendant un voyage maritime et dans les circonstances prévues à l'article 59, il en sera, dans les vingt-quatre heures et en présence de deux témoins, dressé acte par les officiers instrumentaires désignés en cet article et dans les formes qui y sont prescrites.

« Les dépôts et transmissions des originaux et des expéditions seront effectués conformément aux distinctions prévues par les articles 60 et 61.

« La transcription des actes de décès sera faite sur les registres de l'état civil du dernier domicile du défunt, ou, si ce domicile est inconnu, à Paris.

« Article 87.

« Si une ou plusieurs personnes inscrites au rôle d'équipage ou présentes à bord, soit sur un bâtiment de l'Etat, soit sur tout autre bâtiment, tombent à l'eau sans que leur corps puisse être retrouvé, il sera dressé un procès-verbal de disparition par l'autorité investie à bord des fonctions d'officier de l'état civil. Ce procès-verbal sera signé par l'officier instrumentaire et par les témoins de l'accident et inscrit à la suite du rôle d'équipage.

« Les dispositions des articles 60 et 61, relatives au dépôt et à la transmission des actes et des expéditions, seront applicables à ces procès-verbaux.

« Article 88.

« En cas de présomption de perte totale d'un bâtiment ou de disparition d'une partie de l'équipage ou des passagers, s'il n'a pas été possible de dresser les procès-verbaux de disparition prévus à l'article précédent, il sera rendu par le Ministre de la marine, après une enquête administrative et sans formes spéciales, une décision déclarant la présomption de perte du bâtiment ou la disparition de tout ou partie de l'équipage ou des passagers.

« Article 89.

« La présomption de décès sera déclarée comme il est dit à l'article précédent, après une enquête administrative et sans formes spéciales, par le Ministre de la marine à l'égard des marins ou militaires morts aux colonies, dans les pays de protectorat ou lors des expéditions d'outre-mer, quand il n'aura pas été dressé d'acte régulier de décès.

« Article 90.

« Le Ministre de la marine pourra transmettre une copie de ces procès-verbaux ou de ces décisions au procureur général du ressort dans lequel se trouve le tribunal soit du dernier domicile du défunt, soit du port d'armement du bâtiment, soit enfin du lieu du décès, et requérir ce magistrat de poursuivre d'office la constatation judiciaire des décès.

« Ceux-ci pourront être déclarés constants par un jugement collectif rendu par le tribunal du port d'armement, lorsqu'il s'agira de personnes disparues dans un même accident.

« Article 91.

« Les intéressés pourront également se pourvoir, à l'effet d'obtenir la déclaration judiciaire d'un décès, dans les formes prévues aux articles 855 et suivants du Code de procédure civile. Dans ce cas, la requête sera communiquée au Ministre de la marine, à la diligence du ministère public.

« Article 92.

« Tout jugement déclaratif de décès sera transcrit à sa date sur les registres de l'état civil du dernier domicile, ou, si celui-ci est inconnu, à Paris. Il sera fait mention du jugement et de sa transcription, en marge des registres, à la date du décès.

« Les jugements collectifs seront transcrits sur les registres de l'état civil du port d'armement; il pourra en être délivré des extraits individuels.

« Les jugements déclaratifs de décès tiendront lieu d'actes de l'état civil et ils seront opposables aux tiers, qui pourront seulement en obtenir la rectification conformément à l'article 99.

« CHAPITRE V.

« *Des actes de l'état civil concernant les militaires et marins dans certains cas spéciaux.*

« Article 93.

« Les actes de l'état civil concernant les militaires, les marins de l'Etat et les personnes employées à la suite des armées seront établis comme il est dit aux chapitres précédents.

« Toutefois, hors de la France et dans les circonstances prévues au présent paragraphe, ils pourront, en tout temps, être également reçus par les autorités ci-après indiquées, en présence de deux témoins : 1° dans les formations de guerre mobilisées, par le trésorier ou l'officier qui en remplit les fonctions, quand l'organisation comporte cet emploi, et, dans le cas contraire, par l'officier commandant; 2° dans les quartiers généraux ou états-majors, par les fonctionnaires de l'intendance ou, à défaut, par les officiers désignés pour les suppléer ; 3° pour les personnes non militaires, employées à la suite des armées, par le prévôt ou l'officier qui en remplit les fonctions; 4° dans les formations ou établissements sanitaires dépendant des armées, par les officiers d'administration gestionnaires de ces établissements; 5° dans les hôpitaux maritimes et coloniaux, sédentaires ou ambulants, par le médecin directeur ou son suppléant ; 6° dans les colonies et les pays de protectorat et lors des expéditions d'outre-mer, par les officiers du commissariat ou les fonctionnaires de l'intendance, ou, à leur défaut, par les chefs d'expédition, de poste ou de détachement.

« En France, les actes de l'état civil pourront également être reçus, en cas de mobilisation ou de siège, par les officiers énumérés aux cinq premiers numéros du paragraphe précédent. La compétence de ces officiers s'étendra, s'il est nécessaire, aux personnes non militaires qui se trouveront dans les forts et places fortes assiégés.

« Article 94.

« Dans tous les cas prévus à l'article précédent, l'officier qui aura reçu un acte en transmettra, dès que la communication sera possible et dans le plus bref délai, une expédition au Ministre de la guerre ou de la marine, qui en assurera la transcription sur les registres de l'état civil du dernier domicile : du père, ou, si le père est inconnu, de la mère, pour les actes de naissance ; du mari, pour les actes de mariage ; du défunt, pour les actes de décès. Si le lieu du dernier domicile est inconnu, la transcription sera faite à Paris.

« Article 95.

« Dans les circonstances énumérées à l'article 93, il sera tenu un registre de l'état civil : 1° dans chaque corps de troupe ou formation de guerre mobilisée, pour les actes relatifs aux individus portés sur les contrôles du corps de troupe ou sur ceux des corps qui ont participé à la constitution de la formation de guerre ; 2° dans chaque quartier général ou état-major, pour les actes relatifs à tous les individus qui y sont employés ou qui en dépendent ; 3° dans les prévôtés, pour toutes les personnes non militaires employées à la suite des armées ; 4° dans chaque formation ou établissement sanitaire dépendant des armées et dans chaque hôpital maritime ou colonial, pour les individus en traitement ou employés dans ces établissements, de même que pour les morts appartenant à l'armée, qu'on y placerait à titre de dépôt ; 5° dans chaque unité opérant isolément aux colonies, dans les pays de protectorat ou, en cas d'expédition d'outre-mer.

« Les actes concernant les individus éloignés du corps ou des états-majors auxquels ils appartiennent ou dont ils dépendent seront inscrits sur le registre du corps ou de l'état-major près duquel ils sont employés ou détachés.

« Les registres seront arrêtés au jour du passage des armées sur le pied de paix ou de la levée du siège.

« Ils seront adressés au Ministre de la guerre ou de la marine pour être déposés aux archives de leur département ministériel.

« Article 96.

« Les registres seront cotés et paraphés : 1° par le chef d'état-major pour les unités mobilisées qui dépendent du commandement auquel il est attaché ; 2° par l'officier commandant pour les unités qui ne dépendent d'aucun état-major ; 3° dans les places fortes ou forts, par le gouverneur de la place ou le commandant du fort ; 4° dans les hôpitaux ou formations sanitaires dépendant des armées, par le médecin-chef de l'hôpital ou de la formation sanitaire ; 5° dans les hôpitaux maritimes ou coloniaux et pour les unités opérant isolément aux colonies, dans les pays de protectorat et en cas d'expédition d'outre-mer, par le chef d'état-major ou par l'officier qui en remplit les fonctions.

« Article 97.

« Lorsqu'un mariage sera célébré dans l'une des circonstances prévues à l'article 93, les publications seront faites au lieu du dernier domicile du futur époux ; elles seront mises, en outre, vingt-cinq jours avant la célébration du mariage, à l'ordre du jour du corps pour les individus qui tiennent à un corps, et à celui de l'armée ou du corps d'armée pour les officiers sans troupe et pour les employés qui en font partie.

« Article 98.

« Les dispositions des articles 93 et 94 seront applicables aux reconnaissances d'enfants naturels.

« Toutefois, la transcription de ces actes sera faite, à la diligence du Ministre de la guerre ou de la marine, sur les registres de l'état civil où l'acte de naissance de l'enfant aura été dressé ou transcrit, et, s'il n'y en a pas eu ou si le lieu est inconnu, sur les registres indiqués en l'article 94 pour la transcription des actes de naissance. »

Art. 2. Les articles 99 et 101, concernant la rectification des actes de l'état civil, sont modifiés ainsi qu'il suit :

« Article 99.

« Lorsque la rectification d'un acte de l'état civil sera demandée, il y sera statué, sauf appel, par le tribunal du lieu où l'acte a été reçu et au greffe duquel le registre est ou doit être déposé.

« La rectification des actes de l'état civil dressés au cours d'un voyage maritime, aux armées ou à l'étranger sera demandée au tribunal dans le ressort duquel l'acte a été transcrit conformément à la loi; il en sera de même pour les actes de décès reçus en France ou dans les colonies et dont la transcription est ordonnée par l'article 80.

« La rectification des jugements déclaratifs des décès sera demandée au tribunal qui aura déclaré le décès; toutefois, lorsque ce jugement n'aura pas été rendu par un tribunal de la métropole, la rectification en sera demandée au tribunal dans le ressort duquel la déclaration de décès aura été transcrite conformément à l'article 92.

« Le procureur de la République sera entendu dans ses conclusions.

« Les parties intéressées seront appelées, s'il y a lieu.

« Article 101.

« Les jugements de rectification seront transmis immédiatement par le procureur de la République à l'officier de l'état civil du lieu où se trouve transcrit l'acte réformé. Ils seront transcrits sur les registres, et mention en sera faite en marge de l'acte réformé. »

Art. 3. Les articles 981 à 984 et 988 à 998, concernant les règles particulières à la forme de certains testaments, sont modifiés ainsi qu'il suit :

« Article 981.

« Les testaments des militaires, des marins de l'Etat et des personnes employées à la suite des armées pourront être reçus dans les cas et conditions prévus à l'article 93, soit par un officier supérieur en présence de deux témoins, soit par deux fonctionnaires de l'intendance ou officiers du commissariat, soit par un de ces fonctionnaires ou officiers en présence de deux témoins, soit enfin, dans un détachement isolé, par l'officier commandant ce détachement assisté de deux témoins, s'il n'existe pas dans le détachement d'officier supérieur, de fonctionnaire de l'intendance ou d'officier du commissariat.

« Le testament de l'officier commandant un détachement isolé pourra être reçu par celui qui vient après lui dans l'ordre du service.

« Article 982.

« Les testaments mentionnés à l'article précédent pourront encore, si le testateur est malade ou blessé, être reçus, dans les hôpitaux ou les formations sanitaires militaires, par le médecin chef assisté de l'officier d'administration gestionnaire.

« A défaut de cet officier d'administration, la présence de deux témoins sera nécessaire.

« Article 983.

« Dans tous les cas, il sera fait un double original des testaments mentionnés aux deux articles précédents.

« Si cette formalité n'a pu être remplie à raison de l'état de santé du testateur, il sera dressé une expédition du testament pour tenir lieu du second original; cette expédition sera signée par les témoins et par les officiers instrumentaires. Il y sera fait mention des causes qui ont empêché de dresser le second original.

« Dès que la communication sera possible, et dans le plus bref délai, les deux originaux ou l'original et l'expédition du testament seront adressés, séparément et par courriers différents, sous plis clos et cachetés, au Ministre de la guerre ou de la marine, pour être déposés chez le notaire indiqué par le testateur ou, à défaut d'indication, chez le président de la chambre des notaires de l'arrondissement du dernier domicile.

« Article 984.

« Le testament fait dans la forme ci-dessus établie sera nul six mois après que le testateur sera venu dans un lieu où il aura la liberté d'employer les formes ordinaires, à moins que, avant l'expiration de ce délai, il n'ait été de nouveau placé dans une des situations spéciales prévues à l'article 93. Le testament sera alors valable pendant la durée de cette situation spéciale et pendant un nouveau délai de six mois après son expiration.

« Article 988.

« Au cours d'un voyage maritime, soit en route, soit pendant un arrêt dans un port, lorsqu'il y aura impossibilité de communiquer avec la terre ou lorsqu'il n'existera pas dans le port, si l'on est à l'étranger, d'agent diplomatique ou consulaire français investi des fonctions de notaire, les testaments des personnes présentes à bord seront reçus, en présence de deux témoins : sur les bâtiments de l'Etat, par l'officier d'administration ou, à son défaut, par le commandant ou celui qui en remplit les fonctions, et sur les autres bâtiments, par le capitaine, maître ou patron, assisté du second du navire, ou, à leur défaut, par ceux qui les remplacent.

« L'acte indiquera celle des circonstances ci-dessus prévues dans laquelle il aura été reçu.

« Article 989.

« Sur les bâtiments de l'Etat, le testament de l'officier d'administration sera, dans les circonstances prévues à l'article précédent, reçu par le commandant ou par celui qui en remplit les fonctions, et, s'il n'y a pas d'officier d'administration, le testament du commandant sera reçu par celui qui vient après lui dans l'ordre du service.

« Sur les autres bâtiments, le testament du capitaine, maître ou patron, ou celui du second, seront, dans les mêmes circonstances, reçus par les personnes qui viennent après eux dans l'ordre du service.

« Article 990.

« Dans tous les cas, il sera fait un double original des testaments mentionnés aux deux articles précédents.

« Si cette formalité n'a pu être remplie à raison de l'état de santé du testateur, il sera dressé une expédition du testament pour tenir lieu du second original; cette expédition sera signée par les témoins et par les officiers instrumentaires. Il y sera fait mention des causes qui ont empêché de dresser le second original.

« Article 991.

« Au premier arrêt dans un port étranger où se trouve un agent diplomatique ou consulaire français, il sera fait remise, sous pli clos et cacheté, de l'un des originaux ou de l'expédition du testament entre les mains de ce fonctionnaire, qui l'adressera au Ministre de la marine afin que le dépôt puisse en être effectué comme il est dit à l'article 983.

« Article 992.

« A l'arrivée du bâtiment dans un port de France, les deux originaux du testament, ou l'original et son expédition, ou l'original qui reste, en cas de transmission ou de remise effectuée pendant le cours du voyage, seront déposés, sous pli clos et cacheté, pour les bâtiments de l'Etat, au bureau des armements, et, pour les autres bâtiments, au bureau de l'inscription maritime. Chacune de ces pièces sera adressée, séparément et par courriers différents, au Ministre de la marine, qui en opérera la transmission comme il est dit à l'article 983.

« Article 993.

« Il sera fait mention sur le rôle du bâtiment, en regard du nom du testateur, de la remise des originaux ou expédition du testament faite, conformément aux prescriptions des articles précédents, au consulat, au bureau des armements ou au bureau de l'inscription maritime.

« Article 994.

« Le testament fait au cours d'un voyage maritime, en la forme prescrite par les articles 988 et suivants, ne sera valable qu'autant que le testateur mourra à bord ou dans les six mois après qu'il sera débarqué dans un lieu où il aura pu le refaire dans les formes ordinaires.

« Toutefois, si le testateur entreprend un nouveau voyage maritime avant l'expiration de ce délai, le testament sera valable pendant la durée de ce voyage et pendant un nouveau délai de six mois après que le testateur sera de nouveau débarqué.

« Article 995.

« Les dispositions insérées dans un testament fait, au cours d'un voyage maritime, au profit des officiers du bâtiment autres que ceux qui seraient parents ou alliés du testateur, seront nulles et non avenues.

« Il en sera ainsi, que le testament soit fait en la forme olographe ou qu'il soit reçu conformément aux articles 988 et suivants.

« Article 996.

« Il sera donné lecture au testateur, en présence des témoins, des dispositions de l'article 984, 987 ou 994 suivant les cas, et mention de cette lecture sera faite dans le testament.

« Article 997.

« Les testaments compris dans les articles ci-dessus de la présente section seront signés par le testateur, par ceux qui les auront reçus et par les témoins.

« ARTICLE 998.

« Si le testateur déclare qu'il ne peut ou ne sait signer, il sera fait mention de sa déclaration, ainsi que de la cause qui l'empêche de signer.

« Dans les cas où la présence de deux témoins est requise, le testament sera signé au moins par l'un d'eux, et il sera fait mention de la cause pour laquelle l'autre n'aura pas signé. »

La présente loi, délibérée et adoptée par le Sénat et par la Chambre des députés, sera exécutée comme loi de l'Etat.

Fait à Paris, le 8 juin 1893.

Signé : CARNOT.

Par le Président de la République :

Le Ministre de la marine.
Signé : RIEUNIER.

Le Ministre de la guerre,
Signé : Gal LOIZILLON.

Le Garde des sceaux,
Ministre de la justice.
Signé : E. GUÉRIN.

Le Ministre des affaires étrangères,
Signé : Jules DEVELLE.

Instruction pour l'exécution des dispositions du Code civil, etc., applicables aux militaires de toutes armes.

N° 1. *Rapport au Ministre de la guerre sur la refonte de l'instruction du* 8 *mars* 1823, *pour l'exécution des dispositions du Code civil et de divers décrets et ordonnances applicables aux militaires de toutes armes.*

Paris, le 3 février 1894.

Monsieur le Ministre,

Par lettre du 10 octobre 1893, n° 765, vous avez bien voulu me confier la présidence de la commission (1) chargée de procéder à la refonte de l'instruction du 8 mars 1823, pour l'exécution des dis-

---

(1) Cette commission était composée comme il suit :

Président :

M. CRETIN, contrôleur de 1re classe de l'administration de l'armée.

Membres :

MM. DUPAIN, sous-intendant militaire de 2e classe ;
BÉNECH, médecin-major de 1re classe ;
HERBINET, chef du bureau des archives administratives ;
ROZE, sous-chef de bureau à la correspondance générale ;
TAUPIN, sous-chef de bureau au contentieux.

positions du Code civil applicables aux militaires de toutes armes. Ce travail est aujourd'hui terminé, et j'ai l'honneur de vous adresser ci-joint le projet qu'elle a élaboré.

La commission ne s'est pas bornée à mettre l'instruction en harmonie avec les lois du 8 juin 1893 et autres lois, décrets et règlements antérieurs. Tout en respectant l'ordonnance générale de ce document, elle s'est efforcée d'élucider certains points obscurs, de combler certaines lacunes, de faire disparaître enfin les quelques inexactitudes qui s'y étaient glissées. J'ai l'honneur de signaler à votre attention les modifications principales qu'un examen attentif lui a suggérées.

TITRE I. — SECTION I. — *Actes de l'état civil. — Dispositions communes.*

Quelques articles du Code civil, notamment les articles 34 et 35, avaient été inexactement reproduits dans l'instruction du 8 mars 1823. La commission a cru nécessaire de rétablir les textes dans leur intégrité, sauf à en fixer le sens ou compléter les indications, quand il y avait lieu, sous forme d'observations.

Prévoyant le cas où des actes de l'état civil intéresseraient des personnes auxquelles la langue française n'est pas connue (militaires appartenant aux régiments étrangers, aux troupes indigènes, etc.) la commission propose que, le cas échéant, l'officier de l'état civil, après avoir donné lecture de l'acte, comme la loi le lui prescrit, en fasse faire, si c'est possible, la traduction orale (1).

L'article 44 du Code civil prescrit d'annexer aux actes les procurations ou autres pièces qui ont dû être produites par les comparants. Cette disposition très importante qui s'applique sans nul doute aux actes dressés aux armées, avait été omise dans l'instruction du 8 mars 1823. Elle a été rétablie dans le projet.

SECTION II. — *Actes de l'état civil aux armées.*

L'énumération, faite par les articles 93 et 95 (nouveaux) du Code civil, des groupes où un officier d'état civil doit être institué, et des registres à ouvrir, fait naître quelques incertitudes. Quels sont, par exemple, les individus qu'on doit considérer comme *dépendant* d'un quartier général ou d'un état-major? Cette expression ne s'applique-t-elle qu'aux isolés proprement dits (officiers sans troupe, cavaliers-ordonnances, etc.) ou embrasse-t-elle les divers détachements, tels que trésor et postes, télégraphie militaire, convois, etc., qui relèvent du quartier général? Pour prévenir toute difficulté d'interprétation, on a, dans un tableau annexe (tableau A), indiqué la solution qui parait devoir se dégager des textes pour

---

(1) Voir solution analogue. Dalloz, *Répertoire*, actes de l'état civil ; n° 186.

les principaux groupes ou formations. Les solutions à adopter dans les cas non prévus s'en déduiront aisément par analogie.

Sous l'ancienne législation, la question s'était posée de savoir si, dans les cas où le droit de recevoir les actes de l'état civil est attribué aux officiers militaires, les autorités anciennes sont exclues. La loi du 8 juin 1893 a tranché la question dans le sens de la négative : elle reconnait la compétence simultanée de ces autorités.

Il importe néanmoins que l'officier militaire, à partir du jour où il est entré en fonctions, soit considéré comme l'officier d'état civil *normal*, celui auquel on devra régulièrement s'adresser, à moins qu'il n'y ait impossibilité ou tout au moins difficulté sérieuse. La bonne tenue de l'état civil de nos armées en campagne y est directement intéressée.

La disposition que la commission a insérée dans ce sens (nº 12 *g*) ne va nullement à l'encontre de la loi ; elle n'infirme en rien, cela va sans dire, la validité de l'acte qui serait dressé contrairement à ses prescriptions. C'est une simple mesure d'ordre qui rentre évidemment dans les limites de la compétence ministérielle.

De même, et pour des raisons analogues, on a cru devoir spécifier (nº 12 *f*) qu'aux colonies et dans les pays de protectorat, les officiers militaires n'auront à remplir les fonctions d'officier de l'état civil que dans les colonnes d'opérations, en quelque lieu qu'elles se trouvent, et dans les postes où il n'existe pas d'autorité civile préposée à cet effet. L'initiative en cette matière appartiendra au gouverneur et, en cas d'urgence, à l'autorité militaire locale.

L'instruction du 8 mars 1823 attribuait au conseil d'administration dans les corps de troupe, au chef d'état-major dans les quartiers généraux, le soin de conserver les registres. Cette disposition pouvait se fonder sur l'article 90 (ancien) du Code civil, aux termes duquel les registres devaient être conservés « de la même manière que les autres registres des corps et états-majors ». La loi du 8 juin 1893 n'a pas reproduit ce paragraphe et il a semblé à la commission que le dépositaire naturel des registres était l'officier chargé de leur tenue. Le Code civil et le Code pénal punissent de peines sévères la destruction ou l'altération des actes provenant même d'une simple négligence ou d'un défaut de surveillance. Comment les responsabilités pourront-elles être établies, le cas échéant, si les registres ont passé de mains en mains ? La disposition dont il s'agit (14 *b*) ne soulève d'ailleurs aucune difficulté pratique, puisque les officiers auxquels la loi attribue les fonctions d'officier de l'état civil, ont tous des archives et des caisses pour les mettre en sûreté.

L'instruction du 8 mars 1823 attribuait compétence générale

aux fonctionnaires de l'intendance, en tant qu'officiers d'état civil. Il ne semble pas qu'aucun texte justifie cette interprétation. La vérité est que ces fonctionnaires, en leur qualité d'officiers publics que leur reconnaît l'avis du Conseil d'Etat en date du 23 juillet 1884, sont naturellement désignés pour recevoir, à défaut d'officier de l'état civil, les déclarations y relatives. C'est dans cet ordre d'idées qu'a été rédigé le paragraphe 12 *h*, qui répond d'ailleurs à tous les besoins.

Le soin d'assurer la transcription des actes au lieu du dernier domicile appartenant, d'après la nouvelle loi, au Ministre de la guerre, l'officier d'état civil n'aura plus à établir qu'une seule expédition des actes reçus. Le législateur a refusé d'adopter la disposition proposée par le gouvernement et aux termes de laquelle deux expéditions auraient été adressées au Ministre, l'une, pour être conservée dans ses archives, l'autre, pour assurer la transcription au lieu du dernier domicile. « Il suffit, dit le rapporteur, d'une copie qui servira à la transcription au lieu du dernier domicile, l'original lui-même devant figurer aux archives de la guerre où le registre de l'état civil sera déposé. » Mais, comme les registres de l'état civil ne sont déposés aux archives de la guerre qu'à la fin de la campagne, la commission a dû se préoccuper de donner au Ministre les moyens de tenir régulièrement à jour, et sans attendre le terme des opérations, l'état civil des militaires. Désireuse d'obtenir ce résultat sans imposer de nouvelles écritures aux corps en campagne, elle propose d'utiliser à cet effet l'*extrait mensuel*, dont l'envoi était prévu par l'instruction du 8 mars 1823, et de décider, pour faciliter le classement dans les archives, que les extraits seront distincts et séparés par acte (n° 14 *c*).

L'envoi des actes et des extraits mensuels sera fait directement au Ministre. Cette disposition, qui a pour but d'éviter des pertes de temps, ne contrevient à aucun règlement en vigueur. Elle laisse intact le principe posé par la loi du 16 mars 1882, l'envoi dont il s'agit rentrant évidemment dans les cas exceptionnels prévus par l'article 9 (5° alinéa) de cette loi. Comme il importe cependant que le commandement soit mis à même d'exercer sa haute surveillance sur cette partie de service, compte rendu sera adressé, par la voie hiérarchique, de l'envoi des extraits mensuels.

Titre II. — Section II. — *Naissances aux armées.*

La législation ancienne accordait un délai de dix jours pour les déclarations des naissances aux armées. Cette disposition n'a pas été reproduite dans la loi nouvelle, et l'omission est d'autant plus regrettable que, d'après un avis du Conseil d'Etat en date du 12 brumaire an XI, l'officier de l'état civil « ne doit point recevoir et inscrire sur son registre la déclaration qui lui est faite après l'expiration du délai légal ».

Aux armées où il faut tenir compte des embarras de la guerre et des occupations multiples des officiers de l'état civil, une prolongation de délai, n'avait, semble-t-il, rien que de fort légitime, et on cherche d'ailleurs vainement, dans les rapports et autres documents qui ont précédé le vote de la loi, les motifs qui ont pu déterminer le législateur à innover sur ce point. Pour pallier, dans la mesure du possible, les inconvénients du nouvel état de choses, la commission, se fondant sur l'opinion de jurisconsultes autorisés, propose de décider que l'officier d'état civil, saisi d'une déclaration tardive, devra dresser procès-verbal des circonstances qui expliquent ou justifient le retard. Il appartiendra ensuite aux tribunaux d'apprécier le degré de foi que l'acte pourra obtenir (n° 30).

L'ancienne législation (ainsi interprétée, du moins par l'instruction du 8 mars 1823) n'admettait l'officier d'état civil militaire à recevoir la déclaration de reconnaissance d'un enfant naturel, que dans deux cas : celui où elle était faite par un individu non marié, au moment de la présentation de l'enfant, pour constater sa naissance; et celui où deux personnes libres, en se mariant, déclaraient reconnaître l'enfant qu'elles avaient eu précédemment.

Il résulte de l'article 98 (nouveau) que les déclarations pourront désormais être reçues par acte séparé. La commission a cru devoir, pour éclairer les officiers de l'état civil, reproduire dans l'instruction les articles 334 à 336 du Code civil relatifs à cet objet.

Un membre de la commission était d'avis que l'instruction fît défense à l'officier d'état civil de recevoir déclaration de reconnaissance lorsque la paternité ne serait pas possible eu égard à l'âge du déclarant. La majorité n'a pas cru devoir se rallier à cette proposition, qui lui a paru contraire à la doctrine juridique (Lettre du ministre de la justice, 17 septembre 1849).

On a cru pouvoir éliminer de l'instruction les articles du Code civil relatifs au désaveu de paternité. Il a paru suffisant de rappeler que la matière est exclusivement du ressort des tribunaux et que les officiers de l'état civil n'ont pas à en connaître (n° 18). Par contre, on y a introduit diverses dispositions susceptibles d'application aux armées, notamment le décret du 4 juillet 1806 relatif aux enfants morts-nés, et l'article 58 du Code relatif aux enfants trouvés.

Titre III. — *Mariages.*

Dans une observation relative au « domicile quant au mariage », l'instruction du 8 mars 1823 faisait remarquer qu'un militaire, pouvant se trouver pendant longtemps dans la nécessité de ne pas résider six mois de suite dans le même lieu, « il lui suffit de justifier qu'il est au corps depuis plus de six mois ».

Cette doctrine est contraire à un avis du Conseil d'Etat en date du 21 septembre 1805 (4e j. complémentaire, an XIII), duquel il résulte que l'article 74 du Code civil est de tous points applicable aux militaires en activité de service, lorsqu'ils se trouvent dans les circonstances normales du temps de paix. Le paragraphe 79 du projet a été rédigé dans ce sens.

De même il était dit, à propos des publications (observation faisant suite à l'article 94), que « les enfants de troupe n'ayant souvent pas eu d'autre domicile que sous les drapeaux, les publications faites dans l'endroit où se trouve le corps sont les seules exigibles à leur égard ».

L'enfant de troupe, comme tout mineur non émancipé, a son domicile chez ses père et mère ou tuteur. Aucune disposition de la loi ne permet de déroger, à son égard, au droit commun.

D'assez nombreuses décisions ont successivement modifié la procédure à suivre pour les demandes en autorisation de mariage et les conditions mêmes auxquelles cette autorisation est subordonnée. La commission n'a retenu, des dispositions actuellement en vigueur, que celles qui intéressent directement l'officier de l'état civil, à savoir : l'autorité compétente pour délivrer l'autorisation; le délai pendant lequel cette autorisation est valable. Elle a tenu compte de la faculté de délégation ouverte par la décision du 18 juillet 1887.

Dans les circonstances normales, les oppositions sont signifiées à l'officier de l'état civil par le ministère d'un huissier. Aux armées, l'intervention de cet officier ministériel sera rarement possible, et comme cependant on ne saurait admettre que l'officier d'état civil passe outre à une opposition recevable, il faut évidemment, dans ce cas exceptionnel, lui reconnaître qualité pour recevoir directement l'opposition et en dresser acte. Le paragraphe 88 *c* a été rédigé dans ce sens.

Si le mariage doit être contracté avec une femme étrangère, les conditions à remplir par la future épouse sont réglées par son statut personnel et non par la loi française. Une circulaire du garde des sceaux (4 mars 1831) exige que, dans ce cas, l'officier d'état civil se fasse représenter un certificat de l'autorité civile du domicile de la future épouse, constatant qu'elle est apte, d'après les lois de son pays, à contracter mariage. Bien que cette disposition ait été critiquée, la commission a cru devoir se l'approprier (n° 88 *f*). Si la formalité n'est pas nécessaire pour que le mariage soit valable au regard de la loi française, il est de l'intérêt des futurs époux que leur union produise également tous ses effets au regard de la loi étrangère.

Titre IV. — *Des décès.*

Il importe que le Ministre de la guerre soit avisé du décès de tout militaire en activité de service. Or, l'instruction du 8 mars 1823 ne prescrit, *en temps de paix*, l'envoi au Ministre d'un extrait mortuaire que si le militaire est décédé à l'hôpital ou en prison, ou de mort violente; elle est muette sur le cas des militaires décédés au corps ou dans leurs foyers. Cette lacune est d'autant plus regrettable que la décision du 20 mars 1879 a supprimé les états périodiques de mutation qui permettaient de tenir à jour au ministère, pour chaque corps de troupe, le double des registres matricules.

Le projet d'instruction y a pourvu par les dispositions qui font l'objet des paragraphes 91 et 94.

Aux termes de l'instruction du 8 mars 1823, l'officier de l'état civil doit relater le genre de mort dans les actes de décès relatifs aux individus morts sur le champ de bataille et des suites de blessures reçues en combattant l'ennemi, ou de maladies provenant de fatigues de la guerre, « *ou enfin morts de maladies ordinaires et dont le genre sera spécifié par les officiers de santé* ». Il ressort, d'autre part, du règlement sur le service de santé à l'intérieur, que la déclaration faite à la mairie doit mentionner la maladie ou la blessure qui a occasionné la mort (art. 284), et que cette mention doit également figurer sur l'extrait du registre des décès adressé au maire du dernier domicile (modèle 68).

Ces prescriptions sont contraires à l'article 35 du Code civil, lequel fait une obligation à l'officier d'état civil de n'insérer dans les actes rien autre que *ce qui doit être déclaré par les comparants*. S'il est permis de déroger à cet article dans l'intérêt du défunt et de sa famille, en relatant dans l'acte de décès les circonstances honorables pour lui, ou susceptibles de créer des droits à sa veuve ou à ses enfants, telles que la mort sur le champ de bataille, ou à la suite de blessures reçues devant l'ennemi, il n'en est pas de même dans les autres cas, alors surtout que la révélation du genre de mort (maladie héréditaire, syphilis, etc.) risquerait de porter à la famille un réel préjudice.

La commission propose que, sauf le cas de blessures ou de maladies contractées au service, la mention relative au genre de mort ne figure que sur les registres tenus dans les hôpitaux et les extraits destinés au Ministre de la guerre.

Un décret du 4 janvier 1813 indique les formalités à remplir lorsqu'une explosion a occasionné la mort d'individus dont il est impossible de retrouver les corps. La jurisprudence a étendu ces dispositions à tous les cas analogues : éboulement, incendie, submersion, etc. (1).

La commission a jugé utile de les reproduire dans le projet d'instruction. Lorsqu'un événement de cette nature se produira aux armées, il appartiendra au Ministre de la guerre, saisi du procès-verbal dressé à cet effet, d'en poursuivre l'homologation devant les tribunaux.

La constatation du décès des militaires sur le champ de bataille exige des précautions particulières. Si, d'une part, il importe aux familles que tous les décès soient exactement enregistrés, d'autre part l'officier de l'état civil qui, sur de simples indices, dresserait un acte de décès, risquerait de compromettre irrémédiablement les intérêts du prétendu défunt.

La commission était en présence de deux solutions.

L'instruction du 8 mars 1823 confiait exclusivement à l'officier de l'état civil du corps le soin de dresser les actes de décès des militaires appartenant au corps. D'un autre côté, un règlement plus récent (notice n° 14, annexée au règlement sur le service de santé en campagne) dit que l'officier d'administration qui procède à l'inhumation des corps, est chargé de dresser les actes de l'état civil auxquels la constatation de la mort donne lieu.

Chacune de ces solutions a ses dangers.

L'officier de l'état civil du corps sera le plus souvent dans l'impossibilité matérielle de vérifier, comme le lui prescrit l'article 77 du Code civil, la réalité du décès. Les témoignages qu'il recueillera (*réduits à deux par la loi du 8 juin 1893*) émaneront de personnes peu compétentes, en général, pour discerner les signes caractéristiques de la mort, et qui, dans le trouble du combat, n'auront eu ni le temps, ni le sang-froid nécessaires pour procéder à des constatations sérieuses. De son côté, l'officier d'administration chargé de l'ensevelissement des corps n'aura, pour établir leur identité, que des indices, comme la plaque d'identité, les marques des vêtements, etc., qui, si probants qu'ils soient, sont cependant insuffisants au regard de la loi. L'acte mortuaire, qu'il soit établi ici ou là, sera donc, dans un grand nombre de cas, incomplet.

Il y aura, ce qui est plus grave encore, des omissions inévitables, soit que le décès n'ait pas eu de témoins ou que ceux-ci aient eux-mêmes disparu, soit, dans l'autre système, que l'armée, ayant dû évacuer le champ de bataille, n'ait pu reconnaître ses morts.

Il importe en conséquence que le soin de constater les décès soit confié, non exclusivement à l'un ou à l'autre de ces officiers, mais cumulativement à l'un et à l'autre. Les constatations faites

---

(1) V. Dalloz. Table décennale, 1877-87 : Actes de l'état civil, n° 12.

par chacun d'eux se compléteront l'une par l'autre et, par leur rapprochement, fourniront aux tribunaux des éléments certains d'appréciation.

Un membre a exprimé des doutes sur la régularité de l'acte dressé par l'officier d'administration préposé aux inhumations, ou tout au moins de sa transcription aux registres de l'état civil. Il a été répondu que cette procédure n'est pas nouvelle, qu'elle est suivie à l'intérieur toutes les fois qu'un cadavre est découvert, dont l'identité ne peut être attestée par des témoins.

Avant de quitter ce sujet important, qui a provoqué, à diverses reprises, les délibérations de la commission, je ne dois pas omettre de mentionner une proposition qui a réuni quelques adhésions dans son sein. Pourquoi, a-t-on dit, l'officier de l'état civil qui, faute de témoignages précis et concordants, a dû se borner à établir un acte de disparition, ne serait-il pas autorisé à transformer cette pièce en un acte de décès régulier, lorsque les renseignements parvenus de l'arrière feront connaître que le corps du défunt a été retrouvé ? On éviterait ainsi, dans un grand nombre de cas, l'intervention des tribunaux.

Le système serait assurément plus simple ; mais la légalité en a été contestée par la majorité des membres de la commission. L'acte dressé dans de telles conditions n'aurait que les *apparences* d'un acte de décès. Ce serait en réalité la conclusion d'une enquête, conclusion basée sur un ensemble de présomptions. L'officier d'état civil qui l'établirait sortirait du rôle de *simple greffier* que la loi lui attribue, pour empiéter sur le domaine des tribunaux.

Que si l'acte, au lieu d'être rédigé dans la forme ordinaire d'un acte de décès, expose purement et simplement la vérité, à savoir que les témoignages des sieurs N et N, non probants par eux-mêmes, ont été corroborés par tels et tels renseignements venus d'autre part, on peut être certain que, sous cette forme, l'acte n'échappera pas davantage à la sanction des tribunaux.

Titre V. — *Tutelle temporaire.*

La commission a reproduit sous ce titre la disposition qui faisait l'objet de l'article 3 de l'instruction du 8 mars 1823. (Dispositions générales.) La mission temporaire dont il s'agit ne saurait être considérée comme une *tutelle*, au sens légal du mot, entraînant hypothèque sur les biens de celui qui en est chargé ; car la tutelle ne peut être régulièrement déférée que dans les conditions prévues par le Code civil (art. 405 et suivants), et les militaires en sont d'ailleurs dispensés (article 428). Le tuteur désigné dans les circonstances prévues par la présente instruction n'est, à proprement parler, qu'un gérant d'affaires, dont la responsabilité est définie par les articles 1372 à 1374 du Code civil. Il a semblé utile de dissiper à cet égard toute incertitude.

Titre VI. — *Des testaments militaires.*

La loi du 8 juin 1893 attribue compétence aux officiers, quel que soit leur grade, commandant des détachements isolés. Elle ajoute : « Le testament de l'officier commandant pourra être reçu *par celui qui vient après lui dans l'ordre du service.* » Malgré l'ambiguïté de ce texte, la commission a pensé que ces derniers mots devaient être interprétés en ce sens : « *par l'officier qui vient après lui,* etc. ». Il n'a pu entrer dans l'intention du législateur qu'un sous-officier commandant en second ou par intérim soit mis en possession d'un droit qui lui sera retiré demain, si le commandement lui est conféré en titre.

L'article 983 (ancien) du Code civil accordait aux prisonniers de guerre chez l'ennemi le droit de tester militairement, et cela était équitable ; car si, à la vérité, le prisonnier de guerre peut valablement tester dans les formes usitées dans le pays, on doit reconnaître que, dans la pratique, l'exercice de ce droit rencontrera les obstacles les plus sérieux. Sans parler des circonstances qui rendront souvent fort difficile l'intervention d'un officier public, des démarches et des frais que, dans tous les cas, elle nécessitera, n'est-il pas à craindre que, parlant un idiome différent, l'officier public étranger ne soit impuissant à traduire les dernières volontés du testateur ?

Cette disposition a disparu de la loi nouvelle. Faut-il l'attribuer à une simple omission du législateur ? Tout porte à le croire ; car la loi du 8 juin 1893 a été faite dans le but de faciliter et non d'entraver les testaments militaires ; et, dans les rapports qui ont précédé le vote de la loi, rien n'indique que la suppression dont il s'agit ait été intentionnelle. Néanmoins, comme en matière testamentaire tout est de *droit strict,* la commission n'a pas pensé qu'il lui appartînt de suppléer au silence de la loi.

L'instruction du 8 mars 1823 avait cru pouvoir assimiler aux clercs de notaire « les commis ou délégués de l'individu qui reçoit le testament » et les exclure, en conséquence, des fonctions de témoins. On peut contester qu'il y ait analogie complète entre un clerc salarié par le notaire qui l'emploie, et le militaire, commis ou autre, qui reçoit son traitement de l'Etat. Au surplus, les incapacités sont de droit étroit et ne sauraient, même par analogie, être étendues d'un cas à un autre. La commission n'a pas reproduit cette disposition qui, prise à la lettre, eût conduit à récuser, comme témoins, tous les militaires subordonnés à l'officier rédacteur de l'acte, et, dans le cas prévu par l'article 982, tout le personnel de l'ambulance ou de l'hôpital.

L'instruction du 8 mars 1823 prescrivait à l'officier rédacteur d'un testament « d'en donner avis, aussitôt après la mort du testateur et le dépôt du testament, aux personnes qu'il saurait y avoir intérêt ». En admettant que l'officier ait connaissance *certaine* de la mort du testateur, comment lui sera-t-il possible d'aviser les intéressés, c'est-à-dire les héritiers et légataires institués par le testament, alors qu'il n'en a pas conservé minute ? Si, d'autre part, pour satisfaire à cette prescription, il a consigné au mémorial les renseignements nécessaires, n'aura-t-il pas, dans une certaine mesure, violé le secret des dispositions testamentaires ? La commission a rejeté cette disposition en tant qu'inexécutable et peut-être même illégale.

Il est convenable que l'officier chargé de recevoir un testament soit en état d'éclairer le testateur sur les dispositions qui lui sont permises. On a cru devoir, à cet effet, compléter le titre « Des testaments » par les articles du Code relatifs à la quotité disponible. (Numéros 121 à 127.)

Titre VII. — *Actes conservatoires.* — Section I. — *Des scellés.*

Aux termes de l'instruction du 8 mars 1823, l'apposition des scellés devait être requise au décès de tout militaire en activité de service. Il y avait là quelque exagération. L'apposition des scellés suppose la possession, sinon d'un appartement ou d'une chambre séparée, au moins d'un bureau, coffre ou tout autre meuble fermé, et tel n'est pas le cas pour la plupart des militaires en service. Il suffira presque toujours, pour sauvegarder les intérêts des héritiers, que le commandant de la compagnie fasse procéder, dans le plus bref délai possible, et sans désemparer, à l'inventaire des objets ou valeurs laissés par le défunt. L'autorité militaire sera d'ailleurs libre de provoquer l'apposition des scellés dans les circonstances exceptionnelles où cette opération lui paraîtra nécessaire. Tel sera, par exemple, le cas où un officier, logé à la caserne, viendrait à décéder en l'absence des héritiers ou du conjoint. Il doit être aussi bien entendu que les dispositions qui précèdent ne font nul obstacle aux droits que confère aux tiers l'article 909 du Code de procédure civile, ni aux pouvoirs des autorités civiles ou judiciaires. (Art. 911.)

Quant à la destination à donner aux effets et valeurs de la succession, on se conformera aux règles tracées par le règlement sur le service de santé.

Aux armées en campagne, les scellés ne seront en général requis par l'autorité militaire que si, pour une cause quelconque, l'inventaire ne peut être fait aussitôt et parachevé dans la même séance. Cette solution est conforme à l'article 923 du Code de procédure.

A l'égard des scellés à apposer sur les effets des officiers généraux, supérieurs, etc., la commission s'est bornée à reproduire le texte du décret et de l'instruction du 22 janvier 1890.

Section II. — *Procurations, autorisations, etc.*

La loi du 16 fructidor an XI avait déjà donné aux militaires en pays ennemi ou au bivouac les moyens de faire établir, à défaut de notaire, leur procuration authentique. La loi du 8 juin 1893 est allée plus avant dans cette voie : elle autorise les officiers militaires qu'elle désigne à cet effet, à dresser acte des procurations, autorisations maritales, consentements à mariage ou à engagement militaire.

Sur le territoire français, la compétence de ces officiers est limitée au cas où les intéressés ne *pourront* s'adresser à un notaire. Toutefois, il résulte des commentaires qui ont précédé le vote de la loi, qu'il s'agit ici d'une impossibilité relative, non absolue.

« La Chambre avait admis leur compétence (officiers militaires) pour le cas où il y aurait impossibilité ou simplement difficulté de s'adresser à un notaire. Le Sénat a cru devoir limiter cette compétence au cas d'impossibilité. Mais les commentaires dont le rapport de la commission accompagne cette modification sont tels qu'il n'est pas à craindre que la loi soit considérée comme exigeant une impossibilité absolue..... Il est bien acquis, au contraire, grâce à ces commentaires, qu'il ne s'agit ici que d'une impossibilité relative. » (M. Darlan, rapporteur.).

Le rapport susvisé de la commission sénatoriale (M. Thézard) visait le cas d'un marin ou militaire embarqué sur un bâtimen en communication avec le port, mais retenu à bord par raison de service ou de santé. La commission a cru pouvoir assimiler à ce cas celui d'un militaire qui ne pourrait quitter son poste (fort, camp, cantonnement, etc.) sans de graves inconvénients pour le service, ou dont la maladie serait dûment constatée.

Le législateur n'a pas fixé le sens qu'il entendait donner aux mots « détachement isolé ». Si le détachement ne comporte qu'une compagnie ou fraction de compagnie, la solution n'est pas douteuse. Mais il peut se faire qu'une formation isolée, composée de plusieurs corps ou fractions de corps, n'ait pas de sous-intendant. Tel sera souvent le cas d'une brigade opérant isolément, d'une colonne expéditionnaire en Algérie, etc. Le texte de la loi, pris au pied de la lettre, conduirait à investir des fonctions d'officier public le général commandant les troupes. Cette conclusion étant inadmissible, la commission a été amenée à considérer chacun des éléments constitutifs de la colonne, comme formant un détachement auquel il y a lieu d'appliquer la règle formulée par le 2e alinéa de l'article 1er de la loi.

La loi n'a pas prévu, comme elle l'a fait pour les testaments, les formes à suivre pour la rédaction des actes de procuration, etc., ni les mentions qu'ils doivent contenir.

Faut-il en conclure que l'officier instrumentaire n'est, à cet égard, astreint à aucune règle? La commission ne l'a pas pensé. Outre que certaines formes sont, dans tous les cas, essentielles à la validité de l'acte, comme la date, la signature de l'officier public, etc., il est vraisemblable que le législateur, se référant en cette matière au droit commun, a entendu que l'officier ou le fonctionnaire appelé à suppléer un notaire, suivît les règles imposées à celui-ci par la loi du 25 ventôse an XI, et se fît notamment assister de deux témoins.

Enfin la commission a cru devoir, pour éclairer les officiers instrumentaires, reproduire dans le projet d'instruction les dispositions les plus essentielles de la loi sur les actes dont il s'agit.

La loi du 8 juin 1893 est restée muette sur les certificats de vie, mais l'ordonnance du 24 janvier 1816 est toujours en vigueur, et les dispositions en ont été reproduites (nº 148).

Titre VIII. — *Des militaires embarqués.*

Le soin de recevoir les actes à bord d'un bâtiment, d'en assurer la conservation et de les transmettre à qui de droit, appartient aux officiers de marine. La compétence de ces derniers est exclusive de toute autre et les officiers des troupes embarquées, quel que soit leur grade, ne sont chargés, dans aucun cas, des fonctions soit d'officier d'état civil, soit d'officier public. Il a donc paru à la commission qu'il n'était pas nécessaire de reproduire dans une instruction, exclusivement destinée aux personnels de la guerre, les dispositions relatives à ces actes.

Telles sont, Monsieur le Ministre, les dispositions principales du projet qu'au nom de la commission que je préside j'ai l'honneur de soumettre à votre haute approbation.

Un de ses membres a exprimé le regret qu'un des actes les plus importants de l'état civil, l'adoption, n'y fût pas prévu. « Pour ne parler que de l'adoption rémunératoire, soumise par le législateur à des conditions moins rigoureuses que l'adoption ordinaire, n'est-il pas évident que les circonstances, dans lesquelles elle est possible se produiront beaucoup plus fréquemment aux armées que partout ailleurs? Quand aura-t-on l'occasion de sauver la vie à quelqu'un dans un combat, si ce n'est à l'armée? »

La majorité de la commission, tout en reconnaissant le bien fondé de ces considérations, ne s'est pas cru autorisée à suppléer au silence de la loi, où nul n'est désigné pour remplir, aux armées, le cas échéant, les fonctions dévolues au juge de paix. Il est à remarquer d'ailleurs que les intéressés, s'ils veulent donner suite à leur projet, ne seront pas tenus d'attendre leur retour sur le territoire français. Aucun article du Code n'oblige les parties à comparaître en personne devant le juge de paix, et elles pourront s'y faire représenter par leurs fondés de procuration spéciale et authentique.

Le Contrôleur de 1re classe de l'Administration de l'armée, Président,
Signé : CRETIN.

N° 2. *Instruction pour l'exécution des dispositions du Code civil et de divers décrets et ordonnances applicables aux militaires de toutes armes.*

Paris, le 23 juillet 1894.

Préliminaires.

Quelques lois, ordonnances et décrets ayant été publiés depuis l'instruction du 8 mars 1823 (notamment : loi du 8 juin 1893 relative aux actes de l'état civil et testaments aux armées ; loi du 8 juin 1893 relative aux actes de procuration, consentement, etc.; décret du 22 janvier 1890 sur l'apposition des scellés, etc.), le Ministre de la guerre a jugé nécessaire de faire rédiger une nouvelle instruction et de prescrire, ainsi qu'il suit, les formalités qui doivent être observées pour donner aux actes que les officiers remplissant aux armées les fonctions d'officier de l'état civil ou d'officier public auront à passer ou à rédiger, la régularité qui peut seule en assurer la validité.

L'article 93 (nouveau) du Code civil porte que les actes de l'état civil concernant les militaires, les marins de l'Etat et les personnes employées à la suite des armées seront établis comme il est dit aux chapitres précédents concernant les actes reçus dans les circonstances normales.

Les officiers appelés à remplir les fonctions de l'état civil devront donc se bien pénétrer des formalités exigées dans l'intérieur et qui sont exposées à la section I de chacun des titres I, II, III et IV ci-après. Ils n'y dérogeront que dans les cas prévus par la loi et pour lesquels elle a admis des exceptions. Ils deviendront, dès lors, personnellement responsables de leur entière exécution et la moindre infraction de leur part les exposerait aux peines prononcées à l'égard des officiers publics qu'ils représentent.

SOMMAIRE.

TITRE Ier.

DES ACTES DE L'ÉTAT CIVIL EN GÉNÉRAL.

SECTION Ire.

DISPOSITIONS COMMUNES.

Mentions à insérer dans les actes.

1. « Les actes de l'état civil énonceront l'année, le jour et l'heure où ils seront reçus, les prénoms, noms, âge, profession et domicile de tous ceux qui y seront dénommés. » (Code civil, art. 34.)

Observation. — Bien que la loi n'oblige pas d'insérer dans l'acte le lieu où il a été reçu, il sera utile que cette indication y figure pour faciliter, s'il y a lieu, les recherches ultérieures. L'officier de l'état civil n'omettra donc pas de le mentionner aussi exactement qu'il lui sera possible.

2. « Les officiers de l'état civil ne pourront rien insérer dans les actes qu'ils recevront, soit par note, soit par énonciation quelconque, que ce qui doit être déclaré par les comparants. » (Code civil, art. 35.)

Fondés de pouvoirs.

3. « Dans les cas où les parties intéressées ne seront point obligées de comparaître en personne, elles pourront se faire représenter par un fondé de procuration spéciale et authentique. » (Code civil, art. 36.)

Observation. — Le mariage est le seul acte de l'état civil où les parties soient obligées de comparaître en personne.

Conditions à remplir par les témoins.

4. « Les témoins produits aux actes de l'état civil devront être âgés de vingt et un ans au moins, parents ou autres, sans distinction de sexe, et ils seront choisis par les personnes intéressées. » Toutefois, le mari et la femme ne pourront être témoins ensemble dans le même acte. (Code civil, art. 37. Loi du 9 décembre 1897.)

Observation. — Aucune autre condition n'est imposée par la loi ; il n'est donc pas nécessaire que les témoins soient de nationalité française.

Lecture de l'acte.

5. « L'officier de l'état civil donnera lecture des actes aux parties comparantes, ou à leur fondé de procuration, et aux témoins.

« Il y sera fait mention de l'accomplissement de cette formalité. » (Code civil, article 38.)

OBSERVATION. — Si l'une des personnes susdésignées déclare ne pas connaître la langue française, l'officier de l'état civil, après avoir donné lecture de l'acte, comme la loi le prescrit, en fera faire, s'il est possible, la traduction orale.

Signatures.

6. « Ces actes seront signés par l'officier de l'état civil, par les comparants et les témoins ; ou mention sera faite de la cause qui empêchera les comparants et les témoins de signer. » (Code civil, article 39.)

Inscription des actes sur les registres.

7. « Les actes seront inscrits sur les registres, de suite, sans aucun blanc. Les ratures et les renvois seront approuvés et signés de la même manière que le corps de l'acte. Il n'y sera rien écrit par abréviation et aucune date ne sera mise en chiffres. » (Code civil, article 42.)

OBSERVATION. — Les approbations des ratures et des renvois ne doivent jamais être inscrites à la fin de l'acte, de façon que les mêmes signatures puissent servir à cette approbation en même temps qu'à l'acte lui-même. Les approbations doivent être portées en marge des actes et chaque rature ou chaque renvoi doit être approuvé et signé spécialement.

Pièces annexées aux actes.

8. Par application de l'article 44 du Code civil, les procurations et autres pièces exigées, suivant le cas, pour l'établissement des actes de l'état civil seront, après avoir été paraphées par la personne qui les aura produites et par l'officier de l'état civil, annexées aux actes qu'elles concernent.

Sanction des obligations qui précèdent.

9. « Toute contravention aux articles précédents de la part des fonctionnaires y dénommés, sera poursuivie devant le tribunal de première instance et punie d'une amende qui ne pourra excéder cent francs. » (Code civil, article 50.)

Altération des registres.

10. « Tout dépositaire des registres sera civilement responsable des altérations qui y surviendront, sauf son recours, s'il y a lieu, contre les auteurs desdites altérations. » (Code civil, article 51.)

Faux, inscription sur feuille volante, sanctions diverses.

11. « Toute altération, tout faux dans les actes de l'état civil, toute inscription de ces actes faite sur une feuille volante et autrement que sur les registres à ce destinés, donneront lieu aux dommages-intérêts des parties, sans préjudice des peines portées au Code pénal. » (Code civil, article 52.)

SECTION II.

DISPOSITIONS CONCERNANT LES ACTES DE L'ÉTAT CIVIL AUX ARMÉES.

Par qui sont remplies les fonctions d'officier de l'état civil aux armées.

12. « Les actes de l'état civil concernant les militaires, les marins de l'Etat et les personnes employées à la suite des armées, seront établis comme il est dit aux chapitres précédents.

« Toutefois, hors de France et dans les circonstances prévues au présent paragraphe, ils pourront, en tout temps, être également reçus par les autorités ci-après indiquées, en présence de deux témoins : 1° dans les formations de guerre mobilisées, par le trésorier ou l'officier qui en remplit les fonctions, quand l'organisation comporte cet emploi, et, dans le cas contraire, par l'officier commandant ; 2° dans les quartiers généraux ou états-majors, par les fonctionnaires de l'intendance ou, à défaut, par les officiers désignés pour les suppléer ; 3° pour les personnes non militaires, employées à la suite des armées, par le prévôt ou l'officier qui en remplit les fonctions ; 4° dans les formations ou établissements sanitaires dépendant des armées, par les officiers d'administration gestionnaires de ces établissements ; 5° dans les hôpitaux maritimes et coloniaux, sédentaires ou ambulants, par le médecin directeur ou son suppléant ; 6° dans les colonies et les pays de protectorat et lors des expéditions d'outre-mer, par les officiers du commissariat ou les fonctionnaires de l'intendance, ou, à leur défaut, par les chefs d'expédition, de poste ou de détachement.

« En France, les actes de l'état civil pourront également être reçus, en cas de mobilisation ou de siège, par les officiers énumérés aux cinq premiers numéros du paragraphe précédent. La compétence de ces officiers s'étendra, s'il est nécessaire, aux personnes non militaires qui se trouveront dans les forts et places fortes assiégés. » (Code civil, article 93. — Loi du 8 juin 1893.)

Observations. — *a) Les personnels des troupes et services auxiliaires doivent être considérés comme militaires.* — On doit considérer comme militaires les personnels de la trésorerie et des postes, des sections de télégraphie militaire, des compagnies de douaniers, de chasseurs forestiers, des sections techniques de chemins de fer et, en général, de tous les corps spéciaux dont la formation est autorisée par l'article 8 de la loi du 24 juillet 1873.

b) Prisonniers de guerre étrangers. — Les actes de l'état civil concernant les prisonniers de guerre étrangers qui n'ont pas encore rejoint leur destination, sont établis dans les conditions prévues au présent article. Le prévôt remplit vis-à-vis d'eux les fonctions d'officier de l'état civil.

c) Prisonniers de guerre français à l'étranger. — Quant aux prisonniers de guerre français à l'étranger, les actes les concernant seront établis dans les formes usitées dans le pays. Comme ils se trouvent alors éloignés de leur drapeau, l'article 47 du Code civil leur est applicable sous tous les rapports.

Il porte que tout acte de l'état civil des Français et des étrangers fait en pays étranger fera foi s'il a été rédigé dans les formes usitées dans ledit pays.

d) Application de l'article 93 *sur le territoire français.* — L'article 93 (nouveau) est applicable sur le territoire français en cas de mobilisation et de siège. Il suffit donc que la mobilisation ait été décrétée ou l'état de siège déclaré pour que, dans les corps ou formations mobilisés, dans les places assiégées, les officiers d'état civil désignés au susdit article puissent légalement instrumenter, alors même qu'il y aurait encore possibilité de s'adresser aux officiers de l'état civil ordinaires.

e) Application hors du territoire français.— L'article 93 est applicable hors du territoire français en tout temps, c'est-à-dire même après la cessation des hostilités ou la signature de la paix, dans les corps, divisions ou formations quelconques maintenues temporairement à l'étranger.

f) Application dans les colonies ou pays de protectorat. — Dans les colonies et les pays de protectorat, les officiers militaires n'auront, en principe, à remplir les fonctions d'officier de l'état civil que dans les colonnes d'opérations, en quelque lieu qu'elles se trouvent, et dans les détachements, ambulances ou autres postes quelconques où l'autorité civile compétente ferait défaut ou serait dans l'impossibilité d'instrumenter.

g) Compétence simultanée des officiers d'état civil ordinaires. — Bien qu'aux termes de la loi, la compétence des officiers d'état civil militaires n'exclue pas celle des officiers d'état civil ordinaires, on devra s'abstenir, en principe et par mesure d'ordre, de recourir simultanément aux deux autorités. L'intervention de l'autorité civile ne sera réclamée que s'il y a impossibilité ou difficulté sérieuse de faire dresser l'acte en temps utile par l'officier d'état civil militaire.

h) Cas où l'officier d'état civil n'est pas à portée. — S'il arrive que l'événement devant donner lieu à la rédaction d'un acte de l'état civil se passe à une distance telle que les témoins soient dans l'impossibilité de se rendre auprès de l'officier compétent, ou ne puissent le faire dans les délais prescrits par la loi, l'acte sera reçu par l'officier de l'état civil le plus rapproché. Si aucun officier de l'état civil n'est à portée, procès-verbal de la déclaration des témoins sera dressé par un fonctionnaire de l'intendance et, à défaut, par l'officier le plus élevé en grade présent sur les lieux. Une expédition de l'acte ou du procès-verbal suivant le cas, sera immédiatement envoyée à l'officier de l'état civil compétent qui transcrira cette pièce sur son registre et l'y annexera.

i) Surveillance des officiers de l'état civil. — L'officier de l'état civil est surveillé dans l'exercice de ses fonctions, et suivant le cas, par le conseil d'administration, le chef de corps ou de service, ou, s'il est lui-même chef de corps ou de service, par l'autorité dont il relève immédiatement.

Envoi d'une expédition des actes de l'état civil au Ministre de la guerre ; transcription sur les registres de l'état civil de l'ancien domicile.

13. « Dans tous les cas prévus à l'article précédent, l'officier qui aura reçu un acte en transmettra, dès que la communication sera possible et dans le plus bref délai, une expédition au Ministre de la guerre ou de la marine, qui en assurera la transcription sur les registres de l'état civil du dernier domicile : du père ou, si le père est inconnu, de la mère pour les actes de naissance ; du mari pour les actes de mariage ; du défunt pour les actes de décès.

Si le lieu du dernier domicile est inconnu, la transcription sera faite à Paris ». (Code civil, article 94. — Loi du 8 juin 1893.)

Observations. — Le soin d'assurer la transcription de l'acte sur les registres de l'état civil du dernier domicile incombe, d'après la législation nouvelle, au Ministre de la guerre. L'officier de l'état civil devra donc établir une seule expédition de chaque acte et l'adresser au Ministre de la guerre. Il s'agit, d'après le texte, d'une *expédition*, c'est-à-dire d'une copie littérale de l'acte, et non d'un simple extrait.

Cette expédition sera visée pour légalisation, par le sous-intendant militaire (ou le médecin-chef, si l'acte a été établi dans une formation sanitaire). Ce visa sera précédé d'une formule indiquant le nom du signataire : « Vu par nous (nom et prénoms), sous-intendant militaire (ou médecin-chef). »

La loi n'assigne pas, pour cet envoi, de délai fixe, mais en disant « le plus bref délai possible » elle ne laisse aucun doute sur l'intention du législateur.

L'envoi sera fait sous pli recommandé. Il sera adressé directement au Ministre par l'officier de l'état civil, si celui-ci est chef de corps, de détachement ou de service ; et, dans le cas contraire, par l'intermédiaire du conseil d'administration, du commandant de corps, de la portion de corps ou de l'établissement, suivant le cas.

Les dispositions qui précèdent s'appliquent aux actes ou procès-verbaux qui auront été transcrits sur les registres dans les conditions prévues au numéro 12 *h*.

Registres de l'état civil.

14. « Dans les circonstances énumérées à l'article 93, il sera tenu un registre de l'état civil : 1° Dans chaque corps de troupe ou formation de guerre mobilisée pour les actes relatifs aux individus portés sur les contrôles du corps de troupe ou sur ceux des corps qui ont participé à la constitution de la formation de guerre ; 2° Dans chaque quartier général ou état-major, pour les actes relatifs à tous les individus qui y sont employés ou qui en dépendent ; 3° Dans les prévôtés, pour toutes les personnes non militaires employées à la suite des armées ; 4° Dans chaque formation ou établissement sanitaire dépendant des armées et dans chaque hôpital maritime ou colonial, pour les individus en traitement ou employés dans ces établissements, de même que pour les morts, appartenant à l'armée, qu'on y placerait à titre de dépôt ; 5° Dans chaque unité opérant isolément aux colonies, dans les pays de protectorat, ou en cas d'expédition d'outre-mer.

» Les actes concernant les individus éloignés du corps ou des états-majors auxquels ils appartiennent ou dont ils dépendent seront inscrits sur le registre du corps ou de l'état-major près duquel ils sont employés ou détachés.

» Les registres seront arrêtés au jour du passage des armées sur le pied de paix ou de la levée du siège.

» Ils seront adressés au Ministre de la guerre ou de la marine, pour être déposés aux archives de leur département ministériel. » (Code civil, article 95. — Loi du 8 juin 1893.)

Observations. — *a) Comment ils seront établis.* — Les registres de l'état civil seront établis suivant le modèle annexé à la présente instruction et seront fournis par l'administration centrale de la guerre. Ils feront partie des réserves d'imprimés constituées en vue de la mobilisation pour les divers corps et services. Si la prolongation de la campagne rendait nécessaire l'ouverture de nouveaux registres, on devrait s'efforcer de les établir dans les mêmes conditions de solidité. Les actes seront écrits avec le plus grand soin très lisiblement, et en observant scrupuleusement les prescriptions de l'article 42 ci-dessus reproduit du Code civil. (N° 7.)

b) *Qui est dépositaire des registres.* — L'officier de l'état civil est constitué dépositaire des registres et doit, sous sa responsabilité, veiller à leur conservation.

c) *Envoi mensuel d'un extrait des registres au Ministre de la guerre.* — Il en enverra tous les mois au Ministre de la guerre un extrait collationné et séparé par acte. Cet envoi, accompagné d'un bordereau, sera fait dans les conditions ci-dessus indiquées pour les actes eux-mêmes. Compte rendu sera, en même temps, adressé au Ministre par la voie hiérarchique.

S'il n'y a pas eu d'acte dressé pendant le mois, le bordereau sera envoyé avec la mention « Néant ».

d) *Arrêté des registres.* — Les registres seront arrêtés au jour où auront pris fin les circonstances prévues à l'article 93, et sauf à en établir de nouveaux, si ces circonstances venaient à se représenter. Ils seront également arrêtés au cas où le corps, l'état-major ou la formation, au titre duquel ils ont été ouverts, viendrait à être dissous ou amalgamé dans un autre corps, état-major ou formation. Dans tous les cas, l'envoi au Ministre de la guerre sera fait à la diligence de l'officier de l'état civil.

Par qui les registres seront cotés et paraphés.

15. « Les registres seront cotés et paraphés : 1° par le chef d'état-major, pour les unités mobilisées qui dépendent du commandement auquel il est attaché ; 2° par l'officier commandant, pour les unités qui ne dépendent d'aucun état-major ; 3° dans les places fortes ou forts, par le gouverneur de la place ou le commandant du fort ; 4° dans les hôpitaux ou formations sanitaires dépendant des armées, par le médecin-chef de l'hôpital ou de la formation sanitaire ; 5° dans les hôpitaux maritimes ou coloniaux et pour les unités opérant isolément aux colonies, dans les pays de protectorat et, en cas d'expédition d'outre-mer, par le chef d'état-major, ou par l'officier qui en remplit les fonctions ». (Code civil, article 96 — Loi du 8 juin 1893.)

Principales formations de guerre.
Officiers qui y remplissent la fonction d'officier de l'état civil.

16. *Observations communes aux articles* 93, 95 *et* 96. — *Tableau indicatif des principales formations de guerre, des officiers qui y remplissent la fonction d'officier de l'état civil, etc.* — Pour prévenir toute difficulté d'interprétation, en ce qui concerne la désignation de l'officier d'état civil, la tenue, la conservation des registres et les mesures qui en assurent l'authenticité, on a, dans le tableau A, qui fait suite à la présente instruction, fait connaître la solution qui se dégage des textes pour les principales formations de guerre. Les solutions à adopter dans les cas non prévus s'en déduiront aisément par analogie.

TITRE II.

ACTES DE NAISSANCE.

SECTION Ire.

DISPOSITIONS COMMUNES.

Déclarations.

17. « Les déclarations de naissance seront faites dans les trois jours de l'accouchement, à l'officier de l'état civil du lieu; l'enfant lui sera présenté. » (Code civil, article 55.)

18. « La naissance de l'enfant sera déclarée par le père ou, à défaut du père, par les docteurs en médecine ou en chirurgie, sages-femmes, officiers de santé ou autres personnes qui auront assisté à l'accouchement; et lorsque la mère sera accouchée hors de son domicile, par la personne chez qui elle sera accouchée.

L'acte de naissance sera rédigé de suite, en présence de deux témoins. » (Code civil, article 56.)

Observations. — Si la mère est mariée, nul autre que le mari ne peut être déclaré père de l'enfant. Le désaveu de paternité est exclusivement du ressort des tribunaux et l'officier de l'état civil ne doit pas en connaître.

Si la mère n'est pas mariée, la déclaration de paternité ne peut être reçue que du père même, et cette déclaration doit être expressément mentionnée dans l'acte.

Si le père était marié à une autre femme, sa déclaration ne serait pas admissible, nul ne pouvant se reconnaître publiquement adultère.

Mentions à insérer dans l'acte de naissance.

19. « L'acte de naissance énoncera le jour, l'heure et le lieu de la naissance, le sexe de l'enfant et les prénoms qui lui seront donnés, les prénoms, noms, profession et domicile des père et mère et ceux des témoins. » (Code civil, article 57.)

Observation. — Au cas de naissance de deux jumeaux, afin de prévenir toute confusion, deux actes séparés constateront l'heure et la minute de la naissance de chacun d'eux.

Prénoms qui peuvent être donnés.

20. « Les noms en usage dans les différents calendriers et ceux des personnages connus de l'histoire ancienne, peuvent seuls être reçus comme prénoms sur les registres de l'état civil destinés à constater la naissance des enfants; il est interdit aux officiers publics d'en admettre aucun autre dans leurs actes. » (Loi du 11 germinal an XI.)

Enfants présentés sans vie.

21. « Lorsque le cadavre d'un enfant dont la naissance n'a pas été enregistrée, sera présenté à l'officier de l'état civil, cet officier n'exprimera pas qu'un tel enfant est décédé, mais seulement qu'il lui a été présenté sans vie. Il recevra de plus la déclaration des témoins touchant les noms, prénoms, qualités et demeure des père et mère de l'enfant, et la désignation des an, jour et heure auxquels l'enfant est sorti du sein de sa mère.

« Cet acte sera inscrit à sa date sur les registres des décès, sans qu'il en résulte aucun préjugé sur la question de savoir si l'enfant a eu vie ou non. » (Décret du 4 juillet 1806, art. 1 et 2.)

Enfants trouvés.

22. « Toute personne qui aura trouvé un enfant nouveau-né sera tenue de le remettre à l'officier de l'état civil, ainsi que les vêtements et autres effets trouvés avec l'enfant, et de déclarer toutes les circonstances du temps et du lieu où il aura été trouvé.

« Il en sera dressé un procès-verbal détaillé, qui énoncera en outre l'âge apparent de l'enfant, son sexe, les noms qui lui seront donnés, l'autorité civile à laquelle il sera remis. Ce procès-verbal sera inscrit sur les registres. » (Code civil, article 58.)

Reconnaissance des enfants naturels et légitimation.

23. « L'acte de reconnaissance d'un enfant sera inscrit sur les registres à sa date, et il en sera fait mention en marge de l'acte de naissance, s'il en existe un. » (Code civil, article 62. — Loi du 8 juin 1893.)

24. « Les enfants nés hors mariage, autres que ceux nés d'un commerce incestueux ou adultérin, pourront être légitimés par le mariage subséquent de leurs père et mère, lorsque ceux-ci les auront légalement reconnus avant leur mariage, ou qu'ils les reconnaîtront dans l'acte même de célébration. »

« Il sera fait mention de la légitimation en marge de l'acte de naissance de l'enfant légitimé. » (Code civil, art. 331 nouveau; Loi du 17 août 1897.)

25. « La légitimation peut avoir lieu même en faveur des enfants décédés qui ont laissé des descendants, et, dans ce cas, elle profite à ces descendants ». (Code civil, article 332.)

26. « La reconnaissance d'un enfant naturel sera faite par un acte authentique, lorsqu'elle ne l'aura pas été dans son acte de naissance. » (Code civil, article 334.)

Observation. — Le nom de la mère, mentionné dans l'acte de naissance, n'implique pas reconnaissance de l'enfant. La reconnaissance ne peut résulter que d'un acte spécial et authentique, ou de la déclaration faite à l'officier de l'état civil, lors de la présentation de l'enfant, soit par la mère elle-même, soit par son fondé de procuration spéciale et authentique.

27. « Cette reconnaissance ne pourra avoir lieu au profit des enfants nés d'un commerce incestueux ou adultérin. » (Code civil, article 335.)

28. « La reconnaissance du père, sans l'indication et l'aveu de la mère, n'a d'effet qu'à l'égard du père. » (Code civil, article 336.)

29. La doctrine et la jurisprudence sont d'accord pour admettre qu'un enfant naturel peut être reconnu par un mineur même non émancipé; qu'un enfant naturel peut être reconnu : 1° s'il est encore dans le sein de sa mère; 2° après sa mort, s'il a laissé des enfants légitimes.

SECTION II.

NAISSANCES AUX ARMÉES.

Délai des déclarations.

30. L'ancienne législation accordait un délai de dix jours pour les déclarations des naissances aux armées. La loi du 8 juin 1893 n'a pas reproduit cette disposition qui doit être, par suite, considérée comme abrogée. C'est donc dans les trois jours, à l'étranger comme en France, en temps de guerre comme en temps de paix, que les naissances devront être déclarées.

Déclaration tardive.

31. L'officier d'état civil ne devrait cependant pas refuser de recevoir la déclaration qui lui sera faite après ce délai. Mais il aurait à dresser un procès-verbal relatant les circonstances qui ont empêché d'observer les délais légaux, et d'après lequel les tribunaux pourront apprécier le degré de foi dû à la déclaration tardivement faite. Ce procès-verbal sera inscrit sur les registres.

Reconnaissances d'enfants naturels.

32. « Les dispositions des articles 93 et 94 seront applicables aux reconnaissances d'enfants naturels.

« Toutefois la transcription de ces actes sera faite, à la diligence du Ministre de la guerre ou de la marine, sur les registres de l'état civil où l'acte de naissance de l'enfant aura été dressé ou transcrit, et, s'il n'y en a pas eu, ou si le lieu est inconnu, sur les registres indiqués en l'article 94, pour la transcription des actes de naissance. » (Code civil, article 98. — Loi du 8 juin 1893.)

Observation. — Sous l'empire de l'ancienne législation et suivant l'interprétation adoptée par l'instruction du 8 mars 1823, les officiers d'état civil militaires n'avaient qualité, pour recevoir déclaration de reconnaissance, que dans deux cas : celui où elle était faite par un individu non marié, au moment de la présentation de l'enfant, pour constater sa naissance; et celui où deux personnes libres, en se mariant, déclaraient reconnaître les enfants qu'elles avaient eus précédemment. Désormais, les déclarations de reconnaissance pourront également être reçues par acte séparé. La transcription en marge de l'acte de naissance sera effectuée à la diligence du Ministre de la guerre.

TITRE III.

ACTES DE MARIAGE.

SECTION Ire.

DISPOSITIONS COMMUNES.

Age requis pour contracter mariage.

33. « L'homme avant dix-huit ans révolus, la femme avant quinze ans révolus, ne peuvent contracter mariage. » (Code civil, article 144.)

Dispenses d'âge.

34. «Néanmoins il est loisible au Président de la République d'accorder des dispenses pour des motifs graves. » (Code civil, article 145.)

Autres conditions requises.

35. « Il n'y a pas de mariage, lorsqu'il n'y a point de consentement. » (Code civil, article 146.)

36. « On ne peut contracter un second mariage avant la dissolution du premier. » (Code civil, article 147.)

Consentements nécessaires.

37. « Le fils qui n'a pas atteint l'âge de vingt-cinq ans accomplis, la fille qui n'a pas atteint l'âge de vingt et un ans accomplis, ne peuvent contracter mariage sans le consentement de leurs père et mère : en cas de dissentiment, le consentement du père suffit. » (Code civil, article 148.)

38. « Si l'un des deux est mort, ou s'il est dans l'impossibilité de manifester sa volonté, le consentement de l'autre suffit. » (Code civil, art. 149.)

39. « Si le père et la mère sont morts, ou s'ils sont dans l'impossibilité de manifester leur volonté, les aïeuls et aïeules les remplacent : s'il y a dissentiment entre l'aïeul et l'aïeule de la même ligne, il suffit du consentement de l'aïeul.

S'il y a dissentiment entre les deux lignes, ce partage emportera consentement. » (Code civil, art. 150.)

40. « S'il n'y a ni père ni mère, ni aïeuls ni aïeules, ou s'ils se trouvent tous dans l'impossibilité de manifester leur volonté, les fils ou filles mineurs de vingt et un ans ne peuvent contracter mariage sans le consentement du conseil de famille. » (Code civil, art. 160.)

Forme de l'acte de consentement.

« Art. 41. L'acte authentique du consentement des père et mère ou aïeuls et aïeules, ou, à leur défaut, celui de la famille, contiendra les prénoms, noms, professions et domicile du futur époux et de tous ceux qui auront concouru à l'acte, ainsi que leur degré de parenté.

« Hors le cas prévu par l'article 160 (1), cet acte de consentement pourra être donné, soit devant un notaire, soit devant l'officier de l'état civil du domicile de l'ascendant, et, à l'étranger, devant les agents diplomatiques ou consulaires français. » (Code civil, art. 73. Loi du 20 juin 1896.)

Observation. — En pratique, un seul acte est dressé pour constater le double consentement des père et mère. (Lettre de M. le Garde des sceaux du 28 décembre 1896.)

Actes respectueux.

« 42. Les enfants de famille ayant atteint la majorité fixée par l'art. 148 sont tenus, avant de contracter mariage, de demander, par acte respectueux et formel, le conseil de leur père et de leur mère, ou celui de leurs aïeuls et aïeules, lorsque leur père et leur mère seront décédés ou dans l'impossibilité de manifester leur volonté.

« Il pourra être, à défaut de consentement sur l'acte respectueux, passé outre, un mois après, à la célébration du mariage. » (Code civil, art. 151. Loi du 20 juin 1896.)

« 43. S'il y a dissentiment entre des parents divorcés ou séparés de corps, le consentement de celui des deux époux au profit duquel le divorce ou la séparation aura été prononcé et qui aura obtenu la garde de l'enfant suffira. » (Code civil, art. 152. Loi du 20 juin 1896.)

« 44. Sera assimilé à l'ascendant dans l'impossibilité de manifester sa volonté, l'ascendant subissant la peine de la relégation ou maintenu aux colonies en conformité de l'art. 6 de la loi du 30 mai 1854 sur l'exécution de la peine des travaux forcés. Toutefois, les futurs époux auront toujours le droit de solliciter et de produire à l'officier de l'état civil le consentement donné par cet ascendant. » (Code civil, art. 153. Loi du 20 juin 1896.)

« 45. En cas d'absence de l'ascendant auquel eût dû être fait l'acte respectueux, il sera passé outre à la célébration du mariage, en représentant le jugement qui aurait été rendu pour déclarer l'absence, ou, à défaut de ce jugement, celui qui aurait ordonné l'enquête, ou, s'il n'y a point encore eu de jugement, un

(1) Voir, à l'article 40 de la présente instruction, les dispositions de l'article 160 du Code civil.

acte de notoriété délivré par le juge de paix du lieu où l'ascendant a eu son dernier domicile connu. Cet acte contiendra la déclaration de quatre témoins appelés d'office par ce juge de paix.

« Il n'est pas nécessaire de produire les actes de décès des père et mère des futurs mariés, lorsque les aïeuls ou aïeules, pour la branche à laquelle ils appartiennent, attestent ce décès; et, dans ce cas, il doit être fait mention de leur attestation dans l'acte de mariage.

« Si les ascendants dont le consentement ou conseil est requis sont décédés et si l'on est dans l'impossibilité de produire l'acte de décès ou la preuve de leur absence, faute de connaître leur dernier domicile, il sera procédé à la célébration du mariage des majeurs sur leur déclaration à serment que le lieu du décès et celui du dernier domicile de leurs ascendants leur sont inconnus.

« Cette déclaration doit être certifiée aussi par serment des quatre témoins de l'acte de mariage, lesquels affirment que, quoiqu'ils connaissent les futurs époux, ils ignorent le lieu du décès de leurs ascendants et de leur dernier domicile. Les officiers de l'état civil doivent faire mention, dans l'acte de mariage, desdites déclarations. » (Code civil, art. 155. Loi du 20 juin 1896.)

Sanction des dispositions qui précèdent.

47. « Les officiers de l'état civil qui auraient procédé à la célébration des mariages contractés par des fils n'ayant pas atteint l'âge de vingt-cinq ans accomplis ou par des filles n'ayant pas atteint l'âge de vingt et un ans accomplis, sans que le consentement des père et mère, celui des aïeuls et aïeules, et celui de la famille, dans le cas où ils sont requis, soit énoncé dans l'acte de mariage, seront, à la diligence des parties intéressées et du procureur de la République près le tribunal de première instance du lieu où le mariage aura été célébré, condamnés à l'amende portée par l'article 192 et, en outre, à un emprisonnement dont la durée ne pourra être moindre de six mois. » (Code civil, art. 156) (1).

48. « Lorsqu'il n'y aura pas eu d'actes respectueux, dans le cas où ils sont prescrits, l'officier de l'état civil qui aura célébré le mariage, sera condamné à la même amende et à un emprisonnement qui ne pourra être moindre d'un mois. » (Code civil, art. 157.)

Enfants naturels.

49. « Les dispositions contenues aux articles 148 et 149, et les dispositions des articles 151, 152, 153, 154 et 155, relatives à l'acte

(1) « Lorsque, pour la validité d'un mariage, la loi prescrit le consentement des père, mère ou autres personnes, et que l'officier de l'état civil ne se sera point assuré de l'existence de ce consentement, il sera puni d'une amende de seize francs à trois cents francs et d'un emprisonnement de six mois au moins et d'un an au plus. » (Code pénal, art. 193.)

respectueux qui doit être fait aux père et mère, dans le cas prévu par ces articles, sont applicables aux enfants naturels légalement reconnus. » (Code civil, art. 158.)

50. « L'enfant naturel qui n'a point été reconnu, et celui qui, après l'avoir été, a perdu ses père et mère, ou dont les père et mère ne peuvent manifester leur volonté, ne pourra, avant l'âge de vingt et un ans révolus, se marier qu'après avoir obtenu le consentement d'un tuteur *ad hoc* qui lui sera nommé. » (Code civil, art. 159.)

Cas dans lesquels le mariage est prohibé. — Dispenses.

51. « En ligne directe, le mariage est prohibé entre tous les ascendants et descendants légitimes ou naturels et les alliés dans la même ligne. » (Code civil, art. 161.)

52. « En ligne collatérale, le mariage est prohibé entre le frère et la sœur légitimes ou naturels, et les alliés au même degré. » (Code civil, art. 162.)

53. Le mariage est encore prohibé entre l'oncle et la nièce, la tante et le neveu. » (Code civil, art. 163.)

54. « Néanmoins, il est loisible au Président de la République de lever, pour des causes graves, les prohibitions portées par l'article 162 au mariage entre beau-frère et belle-sœur, et par l'article 163, au mariage entre l'oncle et la nièce, la tante et le neveu. » (Code civil, art. 164, modifié par la loi du 16 avril 1832.)

Prohibitions résultant de la loi sur le divorce.

55. « Les époux divorcés ne pourront plus se réunir si l'un ou l'autre a, postérieurement au divorce, contracté un nouveau mariage, suivi d'un second divorce. Au cas de réunion des époux, une nouvelle célébration du mariage sera nécessaire. » (Code civil, art. 295, modifié par la loi du 27 juillet 1884.)

56. « Dans le cas de divorce admis en justice pour cause d'adultère, l'époux coupable ne pourra jamais se marier avec son complice. » (Code civil, art. 298, modifié par la loi du 27 juillet 1884.)

Publications.

57. « Avant la célébration du mariage, l'officier de l'état civil fera deux publications, à huit jours d'intervalle, un jour de dimanche, devant la porte de la maison commune. Ces publications, et l'acte qui en sera dressé, énonceront les prénoms, noms, professions et domiciles des futurs époux, leur qualité de majeurs ou de mineurs, et les prénoms, noms, professions et domiciles de leurs pères et mères. Cet acte énoncera en outre les jours, lieux et heures où les publications auront été faites; il sera inscrit sur un

seul registre qui sera coté et paraphé comme il est dit en l'article 41 et déposé à la fin de chaque année au greffe du tribunal de l'arrondissement. » (Code civil, art. 63.)

Durée des affiches.

58. « Un extrait de l'acte de publication sera et restera affiché à la porte de la maison commune pendant les huit jours d'intervalle de l'une à l'autre publication. Le mariage ne pourra être célébré avant le troisième jour, depuis et non compris celui de la seconde publication. » (Code civil, art. 64.)

Cas dans lequel de nouvelles publications doivent être faites.

59. « Si le mariage n'a pas été célébré dans l'année, à compter de l'expiration du délai des publications, il ne pourra plus être célébré qu'après que de nouvelles publications auront été faites dans la forme ci-dessus prescrite. » (Code civil, art. 65.)

Lieux où les publications doivent être faites.

60. « Les deux publications ordonnées par l'article 63, au titre des actes de l'état civil, seront faites à la municipalité du lieu où chacune des parties contractantes aura son domicile. » (Code civil, art. 166.)

61. « Néanmoins, si le domicile actuel n'est établi que par six mois de résidence, les publications seront faites en outre à la municipalité du dernier domicile. » (Code civil, art. 167.)

62. « Si les parties contractantes ou l'une d'elles sont, relativement au mariage, sous la puissance d'autrui, les publications seront encore faites à la municipalité du domicile de ceux sous la puissance desquels elles se trouvent. » (Code civil, art. 168.)

Observation. — Les publications prescrites par l'article 168 ne sont pas requises pour les majeurs, c'est-à-dire pour le fils âgé de vingt-cinq ans et pour la fille âgée de vingt et un ans.

Dispenses.

63. « Il est loisible au Président de la République, ou aux officiers qu'il préposera à cet effet, de dispenser, pour des causes graves, de la seconde publication. » (Code civil, art. 169.)

Sanction des dispositions qui précèdent.

64. « Si le mariage n'a point été précédé des deux publications requises, ou s'il n'a pas été obtenu des dispenses permises par la loi, ou si les intervalles prescrits dans les publications et célébrations n'ont point été observés, le procureur de la République fera prononcer, contre l'officier public, une amende qui ne pourra excéder trois cents francs, et contre les parties contractantes, ou

ceux sous la puissance desquelles elles ont agi, une amende proportionnée à leur fortune. » (Code civil, art. 192.)

Mariage à l'étranger.

65. « Le mariage contracté en pays étranger, entre Français et entre Français et Etranger, sera valable s'il a été célébré dans les formes usitées dans le pays, pourvu qu'il ait été précédé des publications prescrites par l'article 63, au titre des actes de l'état civil, et que le Français n'ait point contrevenu aux dispositions contenues au chapitre précédent. » (Code civil, art. 170.)

Observation. — Ce chapitre contient les articles 144 à 164 ci-dessus rapportés.

Formalités à remplir.

66. « Dans les trois mois après le retour du Français sur le territoire de la République, l'acte de célébration du mariage contracté en pays étranger sera transcrit sur le registre public des mariages du lieu de son domicile. » (Code civil, art. 171.)

Par qui les oppositions au mariage peuvent être formées.

67. « Le droit de former opposition à la célébration du mariage appartient à la personne engagée par mariage avec l'une des deux parties contractantes. » (Code civil, art. 172.)

68. « Le père, et, à défaut du père, la mère, et, à défaut de père et mère, les aïeuls et les aïeules, peuvent former opposition au mariage de leurs enfants et descendants, encore que ceux-ci aient vingt-cinq ans accomplis. » (Code civil, art. 173.)

69. « A défaut d'aucun ascendant, le frère ou la sœur, l'oncle ou la tante, le cousin ou la cousine germains, majeurs, ne peuvent former aucune opposition que dans les deux cas suivants :

1° « Lorsque le consentement du conseil de famille, requis par l'article 160, n'a pas été obtenu ;

2° « Lorsque l'opposition est fondée sur l'état de démence du futur époux : cette opposition, dont le tribunal pourra prononcer mainlevée pure et simple, ne sera jamais reçue qu'à la charge, par l'opposant, de provoquer l'interdiction et d'y faire statuer dans le délai qui sera fixé par le jugement. » (Code civil, art. 174.)

70. « Dans les deux cas prévus par le précédent article, le tuteur ou curateur ne pourra, pendant la durée de la tutelle ou curatelle, former opposition qu'autant qu'il y aura été autorisé par un conseil de famille qu'il pourra convoquer. » (Code civil, art. 175.)

Formes de l'acte d'opposition.

71. « Tout acte d'opposition énoncera la qualité qui donne à l'opposant le droit de la former ; il contiendra élection de domicile

dans le lieu où le mariage devra être célébré ; il devra également, à moins qu'il ne soit fait à la requête d'un ascendant, contenir les motifs de l'opposition : le tout à peine de nullité, et de l'interdiction de l'officier ministériel qui aura signé l'acte contenant opposition. » (Code civil, art. 176.)

72. « Les actes d'opposition au mariage seront signés, sur l'original et sur la copie, par les opposants ou par leurs fondés de procuration spéciale et authentique ; ils seront signifiés, avec la copie de la procuration, à la personne ou au domicile des parties, et à l'officier de l'état civil, qui mettra son visa sur l'original. » (Code civil, art. 66.)

Mention qui doit être faite au registre des publications.

73. « L'officier de l'état civil fera, sans délai, une mention sommaire des oppositions sur le registre des publications ; il fera aussi mention, en marge de l'inscription desdites oppositions, des jugements ou des actes de mainlevée dont expédition lui aura été remise. » (Code civil, art. 67.)

Peine encourue par l'officier de l'état civil en cas d'infraction.

74. « En cas d'opposition, l'officier de l'état civil ne pourra célébrer le mariage avant qu'on lui en ait remis la mainlevée, sous peine de trois cents francs d'amende et de tous dommages-intérêts. » (Code civil, art. 68.)

Pièces à produire en cas de non-opposition.

75. « S'il n'y a point d'opposition, il en sera fait mention dans l'acte de mariage ; et, si les publications ont été faites dans plusieurs communes, les parties remettront un certificat délivré par l'officier de l'état civil de chaque commune, constatant qu'il n'existe point d'opposition. » (Code civil, art. 69.)

Observation. — Ce certificat, à établir sur papier timbré, devra être légalisé.

Moyen de suppléer au défaut d'acte de naissance.

« 76. L'officier de l'état civil se fera remettre l'acte de naissance de chacun des futurs époux.

« Cet acte ne devra pas avoir été délivré depuis plus de trois mois s'il a été délivré en France, et depuis plus de six mois, s'il a été délivré dans une colonie ou dans un consulat.

« Celui des époux qui serait dans l'impossibilité de se le procurer pourra le suppléer en rapportant un acte de notoriété délivré par le juge de paix du lieu de sa naissance ou par celui de son domicile. » (Code civil, art. 70 nouveau; Loi du 17 août 1897.)

Acte de notoriété.

77. « L'acte de notoriété contiendra la déclaration faite par sept témoins, de l'un ou de l'autre sexe, parents ou non parents, des prénoms, nom, profession et domicile du futur époux et de ceux de ses père et mère, s'ils sont connus ; le lieu, et, autant que possible, l'époque de sa naissance et les causes qui empêchent d'en rapporter l'acte. Les témoins signeront l'acte de notoriété avec le juge de paix ; et, s'il en est qui ne puissent ou ne sachent signer, il en sera fait mention. » (Code civil, art. 71.)

Confirmation ou rejet par le tribunal de première instance.

78. « L'acte de notoriété sera présenté au tribunal de première instance du lieu où doit se célébrer le mariage. Le tribunal, après avoir entendu le procureur de la République, donnera ou refusera son homologation, selon qu'il trouvera suffisantes ou insuffisantes les déclarations des témoins et les causes qui empêchent de rapporter l'acte de naissance. » (Code civil, art. 72.)

Lieu où le mariage doit être célébré.

79. « Le mariage sera célébré dans la commune où l'un des deux époux aura son domicile. Ce domicile, quant au mariage, s'établira par six mois d'habitation continue dans la même commune. » (Code civil, art. 74.)

Observation. — Il résulte d'un avis du Conseil d'État en date du 4e jour complémentaire an XIII (21 septembre 1805), que l'article 74 est de tous points applicable aux militaires ; que, par conséquent, dans les circonstances normales du temps de paix, ces derniers ne peuvent contracter mariage que devant les officiers de l'état civil des communes où ils ont résidé sans interruption pendant six mois, ou devant l'officier de l'état civil de la commune où leurs futures épouses ont acquis le domicile fixé par l'article 74, et après avoir rempli les formalités prescrites par les articles 166, 167 et 168 ci-dessus.

Mode de célébration.

80. « Le jour désigné par les parties, après les délais des publications, l'officier de l'état civil, dans la maison commune, en présence de quatre témoins, parents ou non parents, fera lecture aux parties des pièces ci-dessus mentionnées, relatives à leur état et aux formalités du mariage, et du chapitre VI du titre : *Du mariage*, sur *les droits* et *les devoirs respectifs des époux*.

« Il interpellera les futurs époux, ainsi que les personnes qui autorisent le mariage, si elles sont présentes, d'avoir à déclarer s'il a été fait un contrat de mariage, et, dans le cas de l'affirmative, la date de ce contrat, ainsi que les nom et lieu de résidence du notaire qui l'aura reçu.

« Il recevra de chaque partie, l'une après l'autre, la déclaration qu'elles veulent se prendre pour mari et femme ; il prononcera, au nom de la loi, qu'elles sont unies par le mariage et il en dressera acte sur-le-champ. » (Code civil, art. 75, modifié par la loi du 10 juillet 1850.)

Forme de l'acte.

81. « On énoncera dans l'acte de mariage :

« 1° Les prénoms, noms, professions, âges, lieux de naissance et domiciles des époux ;

« 2° S'ils sont majeurs ou mineurs ;

« 3° Les prénoms, noms, professions et domiciles des pères et mères ;

« 4° Le consentement des pères et mères, aïeuls et aïeules, et celui de la famille, dans les cas où ils sont requis ;

« 5° Les actes respectueux, s'il en a été fait ;

« 6° Les publications dans les divers domiciles ;

« 7° Les oppositions, s'il y en a eu ; leur mainlevée, ou la mention qu'il n'y a point eu d'opposition ;

« 8° La déclaration des contractants de se prendre pour époux, et le prononcé de leur union par l'officier public ;

« 9° Les prénoms, noms, âges, professions et domiciles des témoins, et leur déclaration s'ils sont parents ou alliés des parties, de quel côté et à quel degré ;

« 10° La déclaration, faite sur l'interpellation prescrite par l'article précédent, qu'il a été ou qu'il n'a pas été fait de contrat de mariage, et, autant que possible, de la date du contrat, s'il existe, ainsi que les nom et lieu de résidence du notaire qui l'aura reçu ; le tout à peine, contre l'officier de l'état civil, de l'amende fixée par l'article 50.

« Dans le cas où la déclaration aurait été omise ou serait erronée, la rectification de l'acte, en ce qui touche l'omission ou l'erreur, pourra être demandée par le procureur de la République, sans préjudice du droit des parties intéressées, conformément à l'article 99. »

« Il sera fait mention de la célébration du mariage en marge de l'acte de naissance des époux. » (Code civil, art. 76 modifié par les lois des 10 juillet 1850 et 17 août 1897.)

Observation. — En exécution de la loi du 10 juillet 1850, les notaires doivent délivrer aux parties un certificat sur papier libre des contrats de mariage qu'ils dressent. Ce certificat indique qu'il doit être remis à l'officier de l'état civil avant la célébration du mariage.

Dissolution du mariage.

82. « Le mariage se dissout :

« 1° Par la mort de l'un des époux ;

« 2° Par le divorce légalement prononcé ;

« 3° Par la condamnation devenue définitive de l'un des époux à une peine emportant *mort civile* (1). » (Code civil, art. 227.)

Second mariage.

83. « La femme ne peut contracter un nouveau mariage qu'après dix mois révolus depuis la dissolution du mariage précédent (2). » (Code civil, art. 228.)

SECTION II.

MARIAGE DES MILITAIRES.

Autorisations nécessaires.

84. Les officiers de tout genre, en activité de service, ne pourront, à l'avenir, se marier qu'après en avoir obtenu la permission par écrit du Ministre de la guerre. Ceux d'entre eux qui auront contracté mariage sans cette permission encourront la destitution et la perte de leurs droits, tant pour eux que pour leurs veuves et leurs enfants, à toute pension ou récompense militaire. » (Art. 1er du décret du 16 juin 1808).

« Les sous-officiers et soldats en activité de service ne pourront de même se marier qu'après en avoir obtenu la permission du conseil d'administration de leur corps. (Art. 2 du décret du 16 juin 1808.)

« Tout officier de l'état civil qui, sciemment, aura célébré le mariage d'un officier, sous-officier ou soldat en activité de service, sans s'être fait remettre lesdites permissions, ou qui aura négligé de les joindre à l'acte de célébration du mariage, sera destitué de ses fonctions ». (Art. 3 du décret du 16 juin 1808.)

OBSERVATIONS. — Ce décret a encore force de loi. L'officier qui a contracté mariage sans autorisation peut être traduit devant un conseil de guerre, si le Ministre estime qu'il y a lieu de prononcer la destitution. (Avis du conseil d'Etat ; — 29 avril 1836.)

Quant à la déchéance du droit à la pension pour la veuve, elle a été consacrée par la loi du 11 avril 1831, art. 19.

Mesures d'exécution.

85. 1° *Officiers et assimilés.* — Le Ministre de la guerre a décidé que les gouverneurs militaires et les commandants de corps d'armée accorderont directement et par délégation les autorisations de mariage aux officiers et assimilés placés sous leurs ordres, jusqu'au grade de colonel inclusivement. Dans le cas seulement où une demande d'autorisation de mariage paraîtrait

(1) La mort civile est abolie. (Loi du 31 mai 1854.)

(2) « L'officier de l'état civil sera aussi puni de seize francs à trois cents francs d'amende lorsqu'il aura reçu, avant le temps prescrit par l'article 228 du Code civil, l'acte de mariage d'une femme ayant déjà été mariée. » (Code pénal, art. 194.)

devoir être écartée, pour quelque cause que ce soit, elle serait transmise au Ministre accompagnée d'un exposé de la situation, ainsi que de l'avis des diverses autorités militaires intéressées.

Les demandes formées par les officiers généraux et assimilés sont adressées au Ministre de la guerre.

Les permissions de mariage qui auront été obtenues ne seront valables que pendant six mois à partir de leur date, sauf au titulaire à en demander le renouvellement, s'il y a lieu, par la voie hiérarchique.

Les formalités à remplir par les officiers qui désirent contracter mariage sont applicables aux fonctionnaires du contrôle de l'administration de l'armée, aux fonctionnaires de l'intendance militaire, aux médecins et pharmaciens militaires, aux vétérinaires, aux adjoints du génie, aux gardes d'artillerie, aux officiers d'administration des divers services, aux archivistes d'état-major et, en général, à tous les personnels qui jouissent de l'état des officiers tel qu'il est défini par la loi du 19 mai 1834.

Elles s'appliquent également aux chefs de musique, aux élèves officiers et aux élèves d'administration.

Les officiers de réserve et de l'armée territoriale ont le droit de contracter mariage sans autorisation; mais ils doivent en informer leurs chefs de corps ou de service.

Il en est de même pour les officiers en retraite employés dans les services de l'armée.

86. 2° *Sous-officiers et soldats.* — Dans les corps de troupe, les autorisations de mariage sont délivrées aux sous-officiers, caporaux et soldats par le conseil d'administration (celui qui est présidé par le chef de corps, si le corps est fractionné).

Dans la gendarmerie, l'approbation du chef de légion est en outre nécessaire.

Pour les militaires des compagnies et sections formant corps, ainsi que pour les personnels sans troupe (sous-officiers de la justice militaire, gardiens de batterie, portiers-consignes, ouvriers d'état), l'autorisation émane du commandant de corps d'armée.

Ces règles sont applicables aux sous-officiers rengagés ou commissionnés. Dans le cas toutefois où le conseil d'administration croit devoir refuser l'autorisation, il en est référé au commandant de corps d'armée, qui statue.

Les militaires de la réserve et de l'armée territoriale peuvent se marier sans autorisation. Toutefois, cette faculté est suspendue par le fait de la mobilisation.

Devoirs de l'officier de l'état civil.

87. Les officiers de l'état civil devront veiller avec le plus grand soin à l'entière exécution de ces dispositions et ne jamais passer outre à la célébration d'un mariage sans s'être fait représenter la permission prescrite, laquelle sera jointe à l'acte de célébration. Mention en sera faite dans l'acte.

SECTION III.

MARIAGES AUX ARMÉES.

Publications.

88. « Lorsqu'un mariage sera célébré dans l'une des circonstances prévues à l'article 93, les publications seront faites au lieu du dernier domicile du futur époux; elles seront mises, en outre, vingt-cinq jours avant la célébration du mariage, à l'ordre du jour du corps pour les individus qui tiennent à un corps, et à celui de

l'armée ou du corps d'armée pour les officiers sans troupe et pour les employés qui en font partie. » (Code civil, art. 97. — Loi du 8 juin 1893.)

Observations. — *a) Publications.* — On remarquera que cet article ne dispense d'aucune des formalités prescrites par les articles 166, 167 et 168 du Code civil.

Les publications devront donc être faites : 1o à la municipalité du dernier domicile de chacune des parties (ce dernier domicile, à défaut de tout autre, sera censé être le lieu de leur naissance) ; 2o à la municipalité du domicile de ceux sous la puissance desquels elles se trouvent.

Elles seront mises, en outre, à l'ordre du jour du corps, pour les militaires des corps de troupe et, pour les officiers sans troupe et employés militaires, à l'ordre du jour de l'état-major (armée, corps d'armée, division, place ou autre commandement) dont ils relèvent, et pour lequel un registre des actes de l'état civil aura été ouvert en conformité de l'article 95 (nouveau) du Code civil.

Le mariage ne pourra être célébré que vingt-cinq jours après cette mise à l'ordre du jour.

Il sera tenu, par l'officier de l'état civil, un registre des publications, qui sera coté et paraphé comme les registres de l'état civil et recevra la même destination. L'officier de l'état civil y fera une mention sommaire des oppositions ainsi qu'il est prescrit à l'article 67 du Code civil.

b) Lieu de célébration. — En autorisant les mariages aux armées, le législateur a implicitement supprimé, pour ces mariages, la condition du domicile imposée par l'article 74 du Code civil. Le mariage pourra donc être célébré par l'officier de l'état civil du groupe ou de la formation à laquelle appartient le futur conjoint, sans qu'il y ait à se préoccuper du temps depuis lequel il fait partie de ce groupe ou de cette formation.

La disposition de l'article 75 du Code civil prescrivant de célébrer le mariage dans la *maison commune* est inapplicable aux armées. Néanmoins, comme la publicité est un élément essentiel de la validité du mariage, les portes du local où il sera célébré devront être laissées ouvertes et mention en sera faite dans l'acte.

c) Oppositions au mariage. — Dans les circonstances prévues à l'article 93 (nouveau) du Code civil, la signification, par ministère d'huissier, à l'officier de l'état civil, des oppositions formées au mariage, sera presque toujours impossible. Il faut donc admettre que, dans ce cas, l'officier de l'état civil militaire aura qualité pour recevoir les déclarations qui lui seront directement faites, soit verbalement, soit par écrit, et en dresser acte. Notification en sera faite par lui aux intéressés, afin qu'ils aient à se pourvoir devant qui de droit.

d) L'article 176 du Code civil dispose que l'acte d'opposition doit contenir élection de domicile dans le lieu où le mariage doit être célébré. Si le mariage doit être célébré aux armées, l'élection de domicile sera faite au lieu du dernier domicile du conjoint sur le nom duquel l'opposition est formulée.

e) Acte de notoriété. — De même, l'acte de notoriété dont il est question à l'article 72 du Code civil sera présenté, si le mariage doit être célébré aux armées, au tribunal du dernier domicile du futur époux.

f) Cas où la future est étrangère. — Si le mariage doit être contracté avec une femme étrangère, les conditions à remplir par la future épouse seront déterminées par son statut personnel. L'officier d'état civil devra exiger, pour passer outre à la célébration du mariage, un certificat des autorités du lieu de la naissance ou de son dernier domicile constatant qu'elle est apte, d'après les lois de son pays, à contracter mariage. (Circulaire du Garde des sceaux, 4 mars 1831.)

Les pièces produites en langue étrangère doivent être accompagnées d'une traduction certifiée par un traducteur juré. (Décret du 2 thermidor an II).

TITRE IV.

ACTES DE DÉCÈS.

SECTION I.

DISPOSITIONS COMMUNES.

Inhumation.

89. « Aucune inhumation ne sera faite sans une autorisation, sur papier libre et sans frais, de l'officier de l'état civil, qui ne pourra la délivrer qu'après s'être transporté auprès de la personne décédée pour s'assurer du décès, et que vingt-quatre heures après le décès, hors les cas prévus par les règlements de police. » (Code civil, art. 77.)

Déclaration du décès.

90. « L'acte de décès sera dressé par l'officier de l'état civil sur la déclaration de deux témoins. Ces témoins seront, s'il est possible, les deux plus proches parents ou voisins, ou, lorsqu'une personne sera décédée hors de son domicile, la personne chez laquelle elle sera décédée et un parent ou autre. » (Code civil, art. 78.)

OBSERVATIONS. — *Application au décès des militaires. Décès au corps.* — En conséquence de ces dispositions, aussitôt qu'un militaire sera décédé à la caserne ou dehors, quel que soit le genre de sa mort, la déclaration en sera faite de suite à l'officier de l'état civil du lieu pour qu'il puisse opérer conformément à la loi. L'officier, quel que soit son grade, qui commande la compagnie sera tenu, après avoir fait faire cette déclaration, de veiller à ce que deux officiers ou sous-officiers, ou au moins un officier ou sous-officier et un soldat, se tiennent à portée de servir de témoins à l'acte de décès.

Après que les formalités légales auront été remplies et à moins de dispositions contraires prises par la famille, le corps sera transporté, à titre de dépôt, à l'hôpital militaire ou à l'hospice du lieu. (Règlement du 23 octobre 1889 sur le service de santé à l'intérieur, art. 294.)

Avis du décès au Ministre.

91. Le Ministre doit être informé sans retard du décès de tout militaire en activité de service. Lorsque le militaire est décédé à l'hôpital ou que le corps y a été transporté, ce soin incombe, ainsi qu'il est spécifié ci-après, à l'officier d'administration gestionnaire.

Dans le cas contraire, le conseil d'administration ou le chef de détachement se fera délivrer par l'officier de l'état civil un extrait de l'acte de décès, qu'il adressera au Ministre.

Acte de décès.

92. « L'acte de décès contiendra les prénoms, nom, âge, profession et domicile de la personne décédée ; les prénoms et nom de

l'autre époux, si la personne décédée était mariée ou veuve; les prénoms, noms, âges, professions et domiciles des déclarants, et, s'ils sont parents, leur degré de parenté.

« Le même acte contiendra de plus, autant qu'on pourra le savoir, les prénoms, noms, profession et domicile des père et mère du décédé, et le lieu de sa naissance. » (Code civil, art. 79.)

Observation. — Bien que la loi soit muette à ce sujet, on admet, dans la pratique, que l'acte de décès doit : 1° faire connaître le jour et l'heure du décès ; 2° mentionner que l'officier de l'état civil s'est assuré de la réalité du décès. (Circulaire du Garde des sceaux; 28 avril 1836.)

Décès dans les hôpitaux.

93. « En cas de décès dans les hôpitaux ou les formations sanitaires, les hôpitaux maritimes, coloniaux, civils ou autres établissements publics, soit en France, soit dans les colonies ou les pays de protectorat, les directeurs, administrateurs ou maîtres de ces hôpitaux ou établissements devront en donner avis, dans les vingt-quatre heures, à l'officier de l'état civil ou à celui qui en remplit les fonctions.

« Celui-ci s'y transportera pour s'assurer du décès et en dressera l'acte, conformément à l'article précédent, sur les déclarations qui lui auront été faites et sur les renseignements qu'il aura pris.

« Il sera tenu, dans lesdits hôpitaux, formations sanitaires et établissements, un registre sur lequel seront inscrits ces déclarations et renseignements.

« L'officier de l'état civil qui aura dressé l'acte de décès enverra, dans le plus bref délai, à l'officier de l'état civil du dernier domicile du défunt, une expédition de cet acte, laquelle sera immédiatement transcrite sur les registres. » (Code civil, art. 80. — Loi du 8 juin 1893.)

Observations. — *a) Hôpitaux militaires.* — Dans les hôpitaux militaires, la déclaration du décès est faite à l'officier de l'état civil par l'officier d'administration gestionnaire. Cette déclaration indique le numéro matricule du décédé, la date de l'entrée à l'hôpital et celle du décès. Si le décédé est mort des suites de blessures reçues sur le champ de bataille ou dans un service commandé, il en est fait mention spéciale sur la déclaration.

b) Registre des décès. — Le registre dont la tenue est prescrite par l'article 80 du Code civil reproduit, pour chaque décès, toutes les indications contenues dans la déclaration. Il reçoit, en outre, de la part du médecin traitant, une annotation signée désignant la maladie ou la blessure qui a occasionné la mort.

Les décès des militaires transportés à l'hôpital à titre de dépôt, ainsi qu'il a été dit ci-dessus, sont inscrits audit registre.

c) Extraits à envoyer. — Immédiatement après l'inscription au registre des décès, l'officier d'administration gestionnaire établit deux extraits, lesquels, après avoir été certifiés par le médecin-chef, sont adressés sans aucun retard :

Le premier, au maire du dernier domicile du décédé; si le militaire décédé est né hors de France ou s'il a sa famille à l'étranger, cet extrait est envoyé au Ministre de la guerre, qui le transmet au Ministre des affaires étrangères ;

Le second, au Directeur du service de santé, qui l'adresse au Ministre de la guerre.

L'annotation du médecin traitant relative à la maladie qui a occasionné la mort n'est reproduite que sur l'extrait destiné au Ministre de la guerre.

Ces extraits, qui sont délivrés à titre de simple renseignement, n'ont auprès des tribunaux ou autorités civiles aucune valeur légale.

d) Hospices civils. — Les dispositions qui précèdent sont applicables aux hospices civils mixtes ou militarisés, ainsi qu'aux hospices civils proprement dits, établissements d'eaux minérales, asiles d'aliénés, ou tous autres établissements spéciaux désignés pour recevoir des militaires. La commission administrative, ou le directeur suivant le cas, en assure l'exécution.

Militaires isolés.

94. Lorsqu'un militaire vient à décéder hors de son corps et qu'il ne se trouve à proximité ni hôpital militaire, ni hospice où le cadavre puisse être transporté, l'officier de l'état civil qui dresse l'acte de décès est tenu d'en faire parvenir un extrait dans le plus bref délai au commandant de recrutement, qui assure la transmission au corps dont le militaire faisait partie. Cette pièce est adressée au Ministre, après enregistrement de la mutation.

Mort violente.

95. « Lorsqu'il y aura des signes ou indices de mort violente, ou d'autres circonstances qui donneront lieu de le soupçonner, on ne pourra faire l'inhumation qu'après qu'un officier de police, assisté d'un docteur en médecine ou en chirurgie, aura dressé procès-verbal de l'état du cadavre et des circonstances y relatives, ainsi que des renseignements qu'il aura pu recueillir sur les prénoms, nom, âge, profession, lieu de naissance et domicile de la personne décédée. » (Code civil, article 81.)

Observation. — En cas de décès au corps, le cadavre ne peut être enlevé et transporté à l'hôpital militaire ou à l'hospice civil que lorsque l'officier de police judiciaire a rempli les formalités légales. (Règlement du 23 novembre 1889, art. 66.)

96. « L'officier de police sera tenu de transmettre de suite à l'officier de l'état civil du lieu où la personne sera décédée tous les renseignements énoncés dans son procès-verbal, d'après lesquels l'acte de décès sera rédigé.

« L'officier de l'état civil en enverra une expédition à celui du domicile de la personne décédée, s'il est connu ; cette expédition sera inscrite sur les registres. » (Code civil, art. 82.)

Décès dans les prisons.

97. « En cas de décès dans les prisons ou maisons de réclusion et de détention, il en sera donné avis sur-le-champ, par les concierges ou gardiens, à l'officier de l'état civil, qui s'y transportera, comme il est dit en l'article 80, et rédigera l'acte de décès. » (Code civil, art. 84.)

Observations. — Si le décès a eu lieu dans un établissement militaire, le commandant militaire ou l'agent principal, suivant le cas, adressera au corps un avis de décès que celui-ci fera parvenir au Ministre, après avoir enregistré la mutation.

Si le décès a eu lieu dans un établissement civil et qu'il n'existe pas à proximité d'hôpital militaire ou d'hospice où le corps puisse être transporté à titre de dépôt, l'officier d'état civil procédera comme il est dit au paragraphe 91 ci-dessus.

Exécution à mort en vertu de jugement.

98. Le commissaire près d'un tribunal militaire qui aura requis l'exécution à mort en vertu d'un jugement sera tenu d'envoyer, dans les vingt-quatre heures de l'exécution, le procès-verbal qu'il en aura dressé au conseil d'administration du corps auquel appartenait le condamné. Le conseil d'administration, après avoir relaté le décès sur les registres matricules et autres documents, sans faire mention du genre de mort, enverra le procès-verbal au Ministre de la guerre.

Le commissaire militaire enverra aussi, dans les vingt-quatre heures de l'exécution du jugement portant peine de mort, à l'officier de l'état civil du lieu où le condamné aura été exécuté, tous les renseignements énoncés à l'article 79, d'après lesquels l'acte de décès sera rédigé.

L'acte de décès ne doit pas mentionner la mort violente.

99. Dans tous les cas de mort violente ou dans les prisons et maisons de réclusion, ou d'exécution à mort, il ne sera fait sur les registres aucune mention de ces circonstances, et les actes de décès seront simplement rédigés dans les formes prescrites par l'article 79. (Code civil, art. 85.)

Observation. — La mort violente comprend le duel et le suicide. Il ne doit donc en être fait aucune mention dans les actes de décès ; ils énonceront seulement qu'un tel est mort tel jour, à telle heure et en tel endroit.

Décès dans une explosion, un incendie, un éboulement, etc. ; impossibilité de retrouver les corps.

100. Lorsque des militaires auront péri dans les flots, dans une explosion, un incendie, un éboulement, etc., et qu'il y aura impossibilité de retrouver les corps, l'autorité militaire du lieu fera constater cette circonstance par le maire ou tout autre officier public, qui en dressera procès-verbal et le transmettra au Procureur de la République, à la diligence duquel et sur l'autorisation du tribunal, cet acte sera annexé au registre de l'état civil et tiendra lieu d'acte de décès. (Décret du 3 janvier 1813.)

Recommandations générales.

101. Les conseils d'administration du corps, ou, suivant le cas, les chefs de corps, de détachement ou de service, veilleront à ce que les formalités exigées par la loi, pour constater le décès des militaires, soient strictement exécutées ; ils ne négligeront rien pour qu'il ne se commette aucune erreur de nature à faire naître des doutes sur l'identité des individus et ils auront soin de relater toujours sur leurs registres matricules la date et le lieu de la mort des militaires.

SECTION II.

DÉCÈS AUX ARMÉES.

Dispositions générales.

102. La loi n'exige plus pour la constatation des décès aux armées que deux témoins au lieu de trois. On se conformera, dans la rédaction de l'acte, à toutes les autres dispositions prescrites par l'article 79 du Code civil. Le genre de mort n'y sera relaté que si la mort a été occasionnée, soit par des blessures reçues devant l'ennemi ou en service commandé, soit par les fatigues du service, soit par des maladies contagieuses ou épidémiques contractées aux armées.

Les procès-verbaux qui seront dressés dans les circonstances prévues par le paragraphe 100 ci-dessus, soit par les officiers de l'état civil, soit par tous autres officiers publics, seront transcrits sur les registres de l'état civil. Une expédition en sera adressée au Ministre qui en poursuivra l'homologation devant les tribunaux.

Décès sur le champ de bataille.

103. A la suite de chaque action, l'officier de l'état civil devra être informé par les chefs de corps, de détachement et de service, des noms des militaires manquants; il fera appeler, ensuite, pour chaque individu, en ayant recours s'il y a lieu à l'autorité supérieure, les deux témoins voulus par la loi et qui attesteront les causes de l'absence.

L'officier de l'état civil n'établira l'acte de décès que si les déclarations des témoins sont concordantes, nettement affirmatives, formulées sans restrictions ni réserves. Il mentionnera, s'il y a lieu, l'impossibilité où il s'est trouvé de vérifier le décès comme le lui prescrit l'article 77 du Code civil.

Si l'acte de décès ne peut être établi, soit qu'il n'ait pas été possible de réunir le nombre de témoins voulu par la loi, soit que les témoins ou l'un d'eux n'aient pas la capacité légale, l'officier de l'état civil dressera un procès-verbal relatant la ou les déclarations qu'il aura reçues. (*Mod. nº* 9.)

Ce procès-verbal sera inscrit sur le registre des actes de l'état civil et une expédition en sera adressée au Ministre dans les conditions indiquées par l'article 94 (nouveau) du Code civil pour les actes proprement dits.

Dans le cas enfin où aucun témoin ne se présenterait pour affirmer le décès, l'officier de l'état civil établira un acte de disparition (*mod. nº* 8) relatant les circonstances de la disparition, les témoignages recueillis à cet égard et, s'il y a lieu, les présomptions de décès qui en résultent.

Les actes de disparition ne seront pas transcrits au registre des actes de l'état civil; ils seront adressés au Ministre, en original, au fur et à mesure de leur établissement.

Ces actes constituent pour la famille un commencement de preuve et les tribunaux fixent ensuite le degré de valeur qu'on doit y donner.

La loi ne fixe pas, pour les déclarations de décès, de délai de rigueur. Le décès peut être constaté à quelque époque que ce soit, lorsque se présente le nombre de témoins voulus par la loi. (Solution donnée par le garde des sceaux le 6 septembre 1813.)

Devoirs de l'officier d'administration chargé de procéder à l'inhumation des corps.

104. L'inhumation des militaires morts sur le champ de bataille a lieu dans les conditions prescrites par les règlements militaires et par les ordres spéciaux du commandement, s'il y a lieu.

L'officier d'administration de la formation sanitaire qui est chargé d'y procéder dressera, en présence de deux témoins, un procès-verbal relatant pour chaque cadavre le numéro matricule, les noms et prénoms et autres renseignements inscrits sur la plaque d'identité, et, s'il y a lieu, les autres indices tels que les marques du vêtement, etc., de nature à établir l'identité du défunt.

Ce procès-verbal sera transcrit sur le registre de l'état civil et une expédition en sera adressée au Ministre ainsi qu'il a été prescrit pour les actes ordinaires.

Décès dans les ambulances ou hôpitaux.

105. Les officiers d'administration gestionnaires des ambulances ou autres formations sanitaires sont chargés, conformément à l'article 93 (nouveau) du Code civil, de dresser les actes de décès des militaires et autres personnes en traitement ou employées dans lesdits établissements, ainsi que des morts appartenant à l'armée qu'on y placerait à titre de dépôt.

On se conformera, pour l'expédition à adresser au Ministre, aux prescriptions générales de l'article 94 (nouveau) du Code civil. Un avis de décès sera en même temps adressé au corps auquel appartenait le décédé.

Déclaration à recevoir des militaires rentrant de captivité.

106. A la fin de la campagne, les militaires rentrant de captivité doivent être invités, soit par les fonctionnaires de l'intendance, soit par les conseils d'administration, suivant leur position, à faire la déclaration des décès ou des disparitions dont ils auraient été les témoins.

Toutefois, en ce qui concerne les décès, il n'y aura lieu de s'occuper que de ceux qui ne seraient pas constatés légalement par des officiers de l'état civil, ainsi que de ceux dont les actes n'auraient pas été rédigés à l'étranger selon les formes usitées dans le pays.

Il sera dressé procès-verbal des déclarations de décès pour chacun des militaires dont on parviendra à connaître la mort. (*Mod. n° 9.*)

Les disparitions et présomptions de décès donneront lieu à des actes de disparition. (*Mod. n° 8.*)

Un registre spécial sera ouvert pour recevoir ces procès-verbaux et ces actes qui seront dresssés, savoir :

Pour les officiers et les hommes de troupe, par le trésorier du corps ;

Pour les officiers sans troupe, les assimilés et les employés militaires, par le sous-intendant.

Des copies conformes, dûment certifiées et légalisées, seront adressées au Ministre au fur et à mesure de l'établissement des actes, pour être déposées aux archives de la guerre.

TITRE V.

TUTELLE TEMPORAIRE.

107. Dans le cas où un militaire, hors du territoire français, laisserait en mourant, un ou plusieurs enfants, sans que leur mère fût présente, le conseil d'administration ou le chef de service, suivant le cas, nommera de suite, parmi les officiers dudit corps ou service, un tuteur temporaire, dont les fonctions se borneront à régler provisoirement les intérêts du mineur. Cet officier se hâtera de prévenir la famille du décès du père de l'enfant, afin que, conformément aux lois, il puisse lui être nommé un tuteur dans le plus court délai. Aussitôt la nomination de ce dernier, les fonctions du tuteur temporaire seront terminées de droit, après cependant qu'il aura rendu les comptes que pourrait nécessiter sa gestion.

Cette sorte de tutelle, déférée en dehors des conditions prévues par le Code civil, ne saurait entraîner les mêmes droits ni les mêmes charges que la tutelle proprement dite (par exemple hypothèque légale sur les biens du tuteur). Il s'agit, dans l'espèce, d'une simple gestion d'affaires régie par les articles 1372 et suivants du Code civil.

TITRE VI.

DES TESTAMENTS.

Dispositions générales.

108. « Toute personne pourra disposer par testament, soit sous le titre d'institution d'héritier, soit sous le titre de legs, soit sous toute autre dénomination propre à manifester sa volonté. » (Code civil, art. 967.)

Interdiction des dispositions mutuelles.

109. « Un testament ne pourra être fait dans le même acte par deux ou plusieurs personnes, soit au profit d'un tiers, soit à titre de disposition réciproque et mutuelle. » (Code civil, art. 968.)

Testament olographe.

110. « Le testament olographe ne sera point valable s'il n'est écrit en entier, daté et signé de la main du testateur ; il n'est assujetti à aucune autre forme. » (Code civil, art. 970.)

Testaments publics militaires ; par qui ils sont reçus.

111. « Les testaments des militaires, des marins de l'État et des personnes employées à la suite des armées pourront être reçus dans les cas et conditions prévus à l'article 93, soit par un officier supérieur en présence de deux témoins, soit par deux fonctionnaires de l'intendance ou officiers du commissariat, soit par un de ces fonctionnaires ou officiers en présence de deux témoins, soit enfin, dans un détachement isolé, par l'officier commandant ce détachement assisté de deux témoins, s'il n'existe pas dans le détachement d'officier supérieur, de fonctionnaire de l'intendance ou d'officier du commissariat.

« Le testament de l'officier commandant un détachement isolé pourra être reçu par celui qui vient après lui dans l'ordre du service. » (Code civil, art. 981. — Loi du 8 juin 1893.)

« Les testaments mentionnés à l'article précédent pourront encore, si le testateur est malade ou blessé, être reçus, dans les hôpitaux ou les formations sanitaires militaires, par le médecin chef assisté de l'officier d'administration gestionnaire.

« A défaut de cet officier d'administration, la présence de deux témoins sera nécessaire. » (Code civil, art. 982. — Loi du 8 juin 1893.)

Observations. — *a) Compétence des officiers supérieurs et des fonctionnaires de l'intendance.* — La compétence des officiers supérieurs et des fonctionnaires de l'intendance est absolue. Le testament peut donc être reçu indifféremment, soit par un officier supérieur appartenant au même corps ou à un autre corps que le testateur, soit par un fonctionnaire de l'intendance.

b) Compétence du médecin-chef. — La compétence du médecin-chef assisté de l'officier d'administration gestionnaire est, au contraire, relative. Ces officiers ne peuvent recevoir que les testaments des blessés et des malades soignés à l'ambulance ou autre formation sanitaire dont ils relèvent. Ils sont incompétents à l'égard de toutes autres personnes, même de celles qui sont employées dans l'établissement.

Pour éviter toute difficulté d'interprétation, on a énuméré dans le tableau C annexé à la présente instruction, les groupements de malades ou blessés qui doivent être compris sous la désignation d'hôpitaux ou formations sanitaires militaires.

c) Compétence simultanée des officiers civils. — La compétence des officiers militaires n'exclut pas celle des officiers civils (notaires sur le territoire français; à l'étranger, agents diplomatiques ou officiers publics étrangers).

d) Compétence des commandants de détachements. — La loi nouvelle attribue compétence à l'officier commandant un détachement isolé (quel que soit son grade), s'il n'existe pas dans le détachement d'officier supérieur ou de fonctionnaire de l'intendance.

Le testament de l'officier commandant pourra être reçu par celui (l'officier) qui vient après lui dans l'ordre du service.

e) Prisonniers de guerre. — La législation ancienne donnait aux prisonniers de guerre à l'étranger le droit de tester militairement. Cette disposition n'ayant pas été reproduite dans la loi du 8 juin 1893, on doit admettre que les prisonniers de guerre ne pourront à l'avenir tester que dans la forme olographe, ou par acte authentique devant les agents diplomatiques français, ou enfin, suivant les formes usitées dans le pays et devant les officiers publics compétents.

Double original. — Envoi au Ministre de la guerre.

112. « Dans tous les cas, il sera fait un double original des testaments mentionnés aux deux articles précédents.

« Si cette formalité n'a pu être remplie à raison de l'état de santé du testateur, il sera dressé une expédition du testament pour tenir lieu du second original; cette expédition sera signée par les témoins et par les officiers instrumentaires. Il y sera fait mention des causes qui ont empêché de dresser le second original.

« Dès que la communication sera possible, et dans le plus bref délai, les deux originaux ou l'original et l'expédition du testament seront adressés séparément et par courriers différents, sous plis clos et cachetés, au Ministre de la guerre ou de la marine, pour être déposés chez le notaire indiqué par les testateurs ou, à défaut d'indication, chez le président de la chambre des notaires de l'arrondissement du dernier domicile. » (Code civil, art. 983. — Loi du 8 juin 1893.)

Observations. — *a)* L'enveloppe de chaque original, ou, suivant le cas, de l'original et de l'expédition, portera pour suscription les nom, prénoms, qualités et fonctions du testateur, et, autant que possible, l'indication du notaire chez qui doit être déposé le testament et du lieu du dernier domicile du testateur.

b) Avant la mort du testateur et l'ordonnance rendue par le président du tribunal de 1re instance du lieu du dernier domicile du décédé, il ne pourra être donné communication de ses dispositions testamentaires, même aux parties intéressées.

c) Les testaments que les officiers, les fonctionnaires de l'intendance, etc., sont autorisés à recevoir doivent être enregistrés sur un mémorial, sans entrer dans aucun détail, en énonçant seulement que tel jour a été reçu le testament d'un tel.

Ces registres d'ordre seront tenus par les officiers de l'état civil. A cet effet, l'officier qui aura reçu un testament devra en faire la déclaration verbale ou écrite à l'officier d'état civil du groupe auquel appartient le testateur, déclaration qui sera enregistrée sans délai.

Les registres seront envoyés au Ministre lorsque auront pris fin les opérations militaires.

d) Les testaments olographes pourront être remis à tout officier ayant qualité pour recevoir les testaments en la forme d'acte public. Ils seront transmis dans les conditions prescrites pour ces derniers.

Délai de validité.

113. « Le testament fait dans la forme ci-dessus établie (1) sera nul six mois après que le testateur sera venu dans un lieu où il aura la liberté d'employer les formes ordinaires, à moins que, avant l'expiration de ce délai, il n'ait été de nouveau placé dans une des situations spéciales prévues à l'article 93. Le testament sera alors valable pendant la durée de cette situation spéciale et pendant un nouveau délai de six mois après son expiration. » (Code civil, art. 984. — Loi du 8 juin 1893.)

Lecture au testateur de l'article 984.

114. Il sera donné lecture au testateur, en présence des témoins, des dispositions de l'art. 984, 987 ou 994 suivant les cas, et mention de cette lecture sera faite dans le testament. » (Code civil, art. 996. — Loi du 8 juin 1893.)

Observation. — Dans les cas prévus par la présente instruction, l'officier instrumentaire donnera lecture de l'article 984 et en fera mention dans l'acte. On appelle l'attention sur cette formalité nouvelle dont l'inobservation entraînerait, suivant la règle générale, la nullité du testament. (Art. 1001 du Code civil.)

Signatures.

115. « Les testaments compris dans les articles ci-dessus de la présente section seront signés par le testateur, par ceux qui les auront reçus et par les témoins. » (Code civil, art. 997. — Loi du 8 juin 1893.)

« Si le testateur déclare qu'il ne peut ou ne sait signer, il sera fait mention de sa déclaration, ainsi que de la cause qui l'empêche de signer.

« Dans le cas où la présence de deux témoins est requise, le tes-

(1) C'est-à-dire dans la forme d'acte public. Mais il n'en serait pas de même pour le testament olographe.

tament sera signé au moins par l'un d'eux, et il sera fait mention de la cause pour laquelle l'autre n'aura pas signé. » (Code civil, art. 998. — Loi du 8 juin 1893.)

Lecture du testament.

116. Bien que la disposition prescrivant à l'officier instrumentaire de « *donner lecture au testateur de son testament en présence des témoins* » n'ait pas été reproduite dans la section du Code où il est traité des testaments militaires, l'officier public militaire n'omettra pas de remplir cette formalité qui assure l'exacte observation des volontés du testateur.

Conditions que doivent remplir les témoins.

117. « Les témoins appelés pour être présents aux testaments devront être majeurs, Français, sans distinction de sexe. Toutefois, le mari et la femme ne pourront être témoins ensemble dans le même testament. » (Code civil, art. 980. Loi du 9 décemb. 1897.)

« Ne pourront être pris pour témoins du testament par acte public, ni les légataires, à quelque titre qu'ils soient, ni leurs parents ou alliés jusqu'au quatrième degré inclusivement. » .... (Code civil, art. 975.)

Testaments faits à l'étranger.

118. « Un Français qui se trouvera en pays étranger pourra faire ses dispositions testamentaires par acte sous signature privée, ainsi qu'il est prescrit en l'article 970, ou par acte authentique, avec les formes usitées dans le lieu où cet acte sera passé. » (Code civil, art. 999.)

119. « Les testaments faits en pays étranger ne pourront être exécutés sur les biens situés en France, qu'après avoir été enregistrés au bureau du domicile du testateur, s'il en a conservé un, sinon au bureau de son dernier domicile connu en France, et, dans le cas où le testament contiendrait des dispositions d'immeubles qui y seraient situés, il devra être en outre enregistré au bureau de la situation de ces immeubles, sans qu'il puisse être exigé un double droit. » (Code civil, art. 1000.)

Causes qui entraînent la nullité du testament.

120. « Les formalités auxquelles les divers testaments sont assujettis par les dispositions de la présente section et de la précédente, doivent être observées à peine de nullité. » (Code civil, art. 1001.)

Observation. — Les sections susvisées comprennent les articles 967 à 980, 981 à 1001.

Extrait des diverses dispositions du Code civil relatives aux libéralités permises par acte testamentaire.

Enfants naturels.

121. « Les enfants naturels, légalement reconnus, ne pourront rien recevoir par donations entre vifs au delà de ce qui leur est accordé au titre des successions.

« Cette incapacité ne pourra être invoquée que par les descendants du donateur, par ses ascendants, par ses frères et sœurs et les descendants légitimes de ses frères et sœurs.

« Le père ou la mère qui les ont reconnus pourront leur léguer tout ou partie de la quotité disponible, sans toutefois qu'en aucun cas, lorsqu'il se trouve en concours avec des descendants légitimes, un enfant naturel puisse recevoir plus qu'une part d'enfant légitime le moins prenant.

« Les enfants adultérins ou incestueux ne pourront rien recevoir par donation entre vifs, ou par testament, au delà de ce qui leur est accordé par les articles 762, 763 et 764. » (Code civil, art. 908. Loi du 25 mars 1896) (1).

Médecins et ministres du culte qui ont traité ou assisté le testateur.

122. « Les docteurs en médecine ou en chirurgie, les officiers de santé et les pharmaciens qui auront traité une personne pendant la maladie dont elle meurt, ne pourront profiter des dispositions

(1) « La loi n'accorde de droits aux enfants naturels sur les biens de leur père ou mère décédés que lorsqu'ils ont été légalement reconnus. Les enfants naturels légalement reconnus sont appelés en qualité d'héritiers à la succession de leur père ou de leur mère décédés. » (Code civil, art. 756. Loi du 25 mars 1896.)

Le droit héréditaire de l'enfant naturel dans la succession de ses père ou mère est fixé ainsi qu'il suit :

« Si le père ou la mère a laissé des descendants légitimes, ce droit est de la moitié de la portion héréditaire qu'il aurait eue s'il eût été légitime. (Code civil, art. 758. Loi du 25 mars 1896.)

« Le droit est des trois quarts lorsque les père ou mère ne laissent pas de descendants, mais bien des ascendants ou des frères ou sœurs ou des descendants légitimes de frères ou sœurs. (Code civil, art. 759. Loi du 25 mars 1896.)

« L'enfant naturel a droit à la totalité des biens lorsque ses père ou mère ne laissent ni descendants, ni ascendants, ni frères ou sœurs, ni descendants légitimes de frères ou sœurs. (Code civil, art. 760. Loi du 25 mars 1896.)

« En cas de prédécès des enfants naturels, leurs enfants et descendants peuvent réclamer les droits fixés par les articles précédents. (Code civil, art. 761. Loi du 25 mars 1896.)

« Les dispositions des articles 756, 758, 759 et 760 ne sont pas applicables aux enfants adultérins ou incestueux. La loi ne leur accorde que des aliments. » (Code civil, art. 762. Loi du 25 mars 1896.)

entre vifs ou testamentaires qu'elle aurait faites en leur faveur pendant le cours de cette maladie.

« Sont exceptées :

« 1° Les dispositions rémunératoires faites à titre particulier, eu égard aux facultés du disposant et aux services rendus ;

« 2° Les dispositions universelles, dans le cas de parenté jusqu'au quatrième degré inclusivement, pourvu toutefois que le décédé n'ait pas d'héritiers en ligne directe, à moins que celui au profit de qui la disposition a été faite ne soit lui-même du nombre de ces héritiers.

« Les mêmes règles sont observées à l'égard du ministre du culte. » (Code civil, art. 909.)

Quotité disponible. — Cas où il existe des descendants directs.

123. « Les libéralités soit par acte entre vifs, soit par testament, ne pourront excéder la moitié des biens du disposant, s'il ne laisse à son décès qu'un enfant légitime; le tiers s'il laisse deux enfants; le quart s'il en laisse trois ou un plus grand nombre.

« L'enfant naturel légalement reconnu a droit à une réserve. Cette réserve est une quotité de celle qu'il aurait eue s'il eût été légitime, calculée en observant la proportion qui existe entre la portion attribuée à l'enfant naturel au cas de succession *ab intestat* et celle qu'il aurait eue dans le même cas s'il eût été légitime.

« Sont compris dans le présent article, sous le nom d'enfants, les descendants en quelque degré que ce soit. Néanmoins, ils ne sont comptés que pour l'enfant qu'ils représentent dans la succession du disposant. » (Code civil, art. 913. Loi du 25 mars 1896.)

Réserve des ascendants.

124. « Les libéralités par actes entre vifs ou par testament ne pourront excéder la moitié des biens, si, à défaut d'enfant, le défunt laisse un ou plusieurs ascendants dans chacune des lignes paternelle et maternelle; et les trois quarts, s'il ne laisse d'ascendants que dans une ligne.

« Les biens ainsi réservés au profit des ascendants seront par eux recueillis dans l'ordre où la loi les appelle à succéder ; ils auront seuls droit à cette réserve dans tous les cas où un partage en concurrence avec des collatéraux ne leur donnerait pas la quotité de biens à laquelle elle est fixée. (Code civil, art. 914. Loi du 25 mars 1896.)

« Lorsque, à défaut d'enfants légitimes, le défunt laisse à la fois un ou plusieurs enfants naturels et des descendants dans les deux lignes ou dans une seule, les libéralités par actes entre vifs et par testament ne pourront excéder la moitié des biens du disposant s'il n'y a qu'un enfant naturel, le tiers s'il y en a deux, le quart s'il y en a trois ou un plus grand nombre. Les biens ainsi réservés seront recueillis par les ascendants jusqu'à concurrence d'un huitième de la succession et le surplus par les enfants naturels. » (Code civil, art. 915. Loi du 25 mars 1896.)

Cas où le testateur peut disposer de la totalité de ses biens.

125. « A défaut d'ascendants et de descendants, les libéralités par actes entre vifs ou testamentaires pourront épuiser la totalité des biens. » (Code civil, art. 916.)

Quotité disponible entre époux.

126. « L'époux pourra, soit par contrat de mariage, soit pendant le mariage, pour le cas où il ne laisserait point d'enfants ni descendants, disposer en faveur de l'autre époux, en propriété, de tout ce dont il pourrait disposer en faveur d'un étranger et, en outre, de l'usufruit de la totalité de la portion dont la loi prohibe la disposition au préjudice des héritiers.

« Et, pour le cas où l'époux donateur laisserait des enfants ou descendants, il pourra donner à l'autre époux ou un quart en propriété et un autre quart en usufruit, ou la moitié de tous ses biens en usufruit seulement. » (Code civil, art. 1094.)

« L'homme ou la femme qui, ayant des enfants d'un autre lit, contractera un second ou subséquent mariage ne pourra donner à son nouvel époux qu'une part d'enfant légitime le moins prenant, et sans que, dans aucun cas, ces donations puissent excéder le quart des biens. » (Code civil, art. 1098.)

« Les époux ne pourront se donner indirectement au delà de ce qui leur est permis par les dispositions ci-dessus.

« Toute donation ou déguisée ou faite à personnes interposées, sera nulle. » (Code civil, art. 1099.)

« Seront réputées faites à personnes interposées les donations de l'un des époux aux enfants ou à l'un des enfants de l'autre époux, issus d'un autre mariage, et celles faites par le donateur aux parents dont l'autre époux sera héritier présomptif au jour de la donation, encore que ce dernier n'ait point survécu à son parent donataire. » (Code civil, art. 1100.)

Les substitutions sont prohibées.

127. « Les substitutions sont prohibées.

« Toute disposition par laquelle le donataire, l'héritier institué ou le légataire sera chargé de conserver et de rendre à un tiers sera nulle, même à l'égard du donataire, de l'héritier institué ou du légataire... » (Code civil, art. 896.)

Observation. — Il résulte toutefois des articles 1048 et 1049 du Code civil que la substitution est autorisée lorsque le disposant est le père ou la mère, le frère ou la sœur du grevé de restitution et que la charge de rendre est établie dans l'intérêt de tous les fils ou filles nés ou à naître du grevé.

TITRE VII.

ACTES CONSERVATOIRES.

SECTION I.

SUCCESSIONS. — SCELLÉS.

Décès à l'intérieur.

128. En cas de décès à l'hôpital, l'officier d'administration gestionnaire est constitué dépositaire des effets et valeurs laissés par le décédé et procède ainsi qu'il est prescrit aux articles 453 à 462 du règlement sur le service de santé à l'intérieur.

Lorsque le militaire décède au corps, il appartient au capitaine commandant la compagnie de faire procéder à l'inventaire des effets et objets laissés par le défunt. Ces effets sont remis contre reçu, avec une copie de l'inventaire, à l'hôpital militaire ou à l'hospice du lieu. S'il n'y a dans la localité ni hôpital militaire, ni hospice, le soin de liquider la succession incombe au conseil d'administration, qui se conforme aux règles ci-dessus tracées.

En dehors des cas prévus par le décret ci-après du 22 janvier 1890, l'autorité militaire ne requiert l'apposition des scellés que si l'importance de la succession le comporte et si, le militaire décédé logeant à la caserne, l'autorité militaire juge cette mesure indispensable pour sauvegarder la responsabilité des autres occupants, — le tout sans préjudice du droit des tiers et des autorités civiles et judiciaires, dans les cas prévus par les articles 909, 910 et 911 du Code de procédure civile.

Officiers généraux, supérieurs et assimilés. — Décret du 22 janvier 1890. — Apposition des scellés.

129. « Aussitôt après le décès d'un maréchal de France, d'un officier général ou assimilé, d'un officier supérieur ou assimilé, d'un chef de corps ou de service de l'armée de terre, en activité de service ou en retraite, l'autorité militaire peut requérir le juge de paix du lieu du décès d'apposer, en présence du maire de la commune ou de son adjoint, les scellés sur les meubles contenant des papiers, cartes, plans ou mémoires militaires, susceptibles d'intéresser le département de la guerre, trouvés au domicile du défunt. (Art. 1er du décret du 22 janvier 1890.)

« La réquisition est adressée directement au juge de paix compétent d'après les règles ci-après :

« Par le général commandant la région militaire, pour tout officier et assimilé compris dans les catégories énumérées à l'article 1er résidant dans l'étendue de la région;

« Par le Ministre de la guerre, dans tous les autres cas (maréchaux de France, officiers généraux chargés de missions spéciales, officiers généraux membres du conseil supérieur de la guerre, officiers généraux commandant les régions et gouverneurs militaires, les présidents des comités d'armes, les fonctionnaires du contrôle de l'administration de l'armée, intendants généraux, médecin inspecteur général, médecins et pharmacien inspecteurs). » (Art. 2 du décret du 22 janvier 1890.)

« L'apposition des scellés peut également être faite au décès de tout officier ou fonctionnaire militaire de l'armée de terre, quel que soit son grade, qui aura rempli une mission spéciale et qui sera supposé détenteur de pièces ou documents quelconques intéressant le département de la guerre. » (Art. 3 du décret du 22 janvier 1890.)

Observations. — Aussitôt après le décès d'un maréchal de France, d'un officier général ou assimilé, d'un officier supérieur ou assimilé, d'un chef de corps ou de service, en activité de service ou en retraite, le maire du domicile du décédé informe de ce décès l'autorité militaire (Ministre de la guerre ou général commandant la région), suivant les distinctions énumérées dans l'article 2 ci-dessus.

Si l'autorité militaire estime qu'il y a lieu d'apposer les scellés, elle adresse, dans le plus bref délai possible, une réquisition à cet effet au juge de paix du canton du décédé.

Ce magistrat appose alors les scellés sur les papiers, cartes, plans et mémoires militaires laissés par le décédé et prévient soit le Ministre de la guerre, soit le général commandant la région, suivant le cas, de la date et de l'heure de la levée des scellés, afin qu'un officier soit désigné d'office pour assister à la levée de ces scellés avec le juge de paix et les représentants de la famille.

Le juge de paix ne pourra se dispenser de procéder à l'apposition des scellés lorsqu'il en sera requis par l'autorité militaire.

Dans le cas où l'apposition des scellés aura été faite, ainsi qu'il est dit ci-dessus, uniquement dans l'intérêt de l'Etat, les frais d'apposition et de levée seront supportés par le budget du ministère de la guerre (Justice militaire).

Levée des scellés.

130. « Tous les documents militaires reconnus de nature à intéresser le département de la guerre seront remis à l'officier chargé d'assister à la levée des scellés et envoyés, selon le cas, soit au Ministre de la guerre, soit au général commandant la région.

« Les documents qui ne seront pas la propriété particulière du décédé pourront être conservés, s'il y a lieu, pour être versés aux archives du ministère de la guerre ou remis au successeur de l'officier défunt. » (Art. 3 du décret du 22 janvier 1890.)

Observations. — Dès la réception de l'avis du juge de paix faisant connaître la date et l'heure de la levée des scellés, le Ministre de la guerre ou le général commandant la région, suivant le cas, désigne un officier pour assister à la levée des scellés.

Cet officier procède avec soin à l'examen et au tri des documents militaires; il est guidé dans le choix de ces documents par le catalogue annexé à l'instruction du 13 février 1848 (annexe B).

Les objets ou documents reconnus appartenir au département de la guerre ou qui seraient de nature à l'intéresser sont inventoriés séparément avec indication de ceux qui seraient la propriété particulière du décédé; tous sont pris en charge par l'officier délégué, qui en donnera reçu.

Le général commandant la région, après examen des documents en question, les adresse au Ministre de la guerre avec ampliation de l'inventaire et du reçu de l'officier délégué, s'ils sont de nature à être conservés aux archives du département de la guerre ; on remet au successeur du défunt les documents intéressant son service.

Les documents qui auront été reconnus être la propriété privée du décédé seront renvoyés à sa famille.

Si le Ministre de la guerre le juge opportun, il a le droit de demander la distraction des pièces dont le défunt était propriétaire, afin de les conserver, mais à charge de les faire estimer de concert avec les héritiers ou ayants droit et d'en acquitter la valeur sur les fonds du budget de la guerre.

Décès aux armées.

131. Le décès de tout militaire, quel que soit son grade, doit être suivi, dans le plus bref délaii de l'inventaire des papiers, objets et valeurs laissés par le défunt. Si le décès a eu lieu à l'ambulance ou dans toute autre formation sanitaire, ce soin incombe à l'officier d'administration gestionnaire, qui se conforme, pour la destination à donner aux effets de la succession, aux articles 41 et 111 du règlement sur le service de santé en campagne.

Si le décès a eu lieu au corps, l'inventaire est fait, à la diligence du commandant de l'unité (compagnie, bataillon, etc.) dont le défunt relevait immédiatement, par un officier ou, à défaut, un sous-officier assisté de deux témoins.

Les bijoux et valeurs, les effets susceptibles d'être conservés, le produit de la vente des autres objets, sont remis contre reçu à l'officier d'administration de l'ambulance, qui en assure, comme il a été dit ci-dessus, la remise à qui de droit.

Indépendamment des cas prévus par le décret du 22 janvier 1890, l'apposition des scellés peut être requise par l'autorité militaire toutes les fois que, en raison des circonstances ou de l'importance de la succession, l'inventaire ne peut être fait immédiatement et sans désemparer.

Les fonctionnaires de l'intendance remplissent aux armées les fonctions attribuées, en la matière, aux juges de paix.

SECTION II.

PROCURATIONS, AUTORISATIONS MARITALES, CONSENTEMENTS A MARIAGE OU A ENGAGEMENTS MILITAIRES.

§ 1er. — *Dispositions générales.*

Désignation des officiers instrumentaires.

132. « En temps de guerre ou pendant une expédition, les actes de procuration, les actes de consentement à mariage ou à engagement militaire et les déclarations d'autorisation maritale consentis ou passés par les militaires, les marins de l'Etat ou les personnes employées à la suite des armées ou embarquées à bord des bâtiments de l'Etat, pourront être dressés par les fonctionnaires de l'intendance ou les officiers du commissariat.

« A défaut de fonctionnaires de l'intendance ou d'officiers de commissariat, les mêmes actes pourront être dressés : 1° dans les détachements isolés, par l'officier commandant, pour toutes les personnes soumises à son commandement ; 2° dans les formations ou établissements sanitaires dépendant des armées, par les officiers d'administration gestionnaires, pour les personnes soignées ou employées dans ces formations ou établissements. »…. (Article 1er de la loi du 8 juin 1893.)

OBSERVATIONS. — *a*) La compétence des fonctionnaires de l'intendance et des officiers du commissariat est générale ; celle du commandant de détachement et de l'officier d'administration gestionnaire est au contraire relative. Elle ne s'étend, pour le premier, qu'aux personnes soumises à son commandement, et, pour le second, aux malades et blessés soignés dans l'établissement, *et, en outre, aux personnes qui y sont employées.*

b) Lorsque, dans une formation isolée ou une colonne expéditionnaire, composée de plusieurs corps ou fractions de corps, il n'y a ni fonctionnaire de l'intendance ni officier du commissariat, les procurations, etc., sont reçues par le commandant de l'unité (*compagnie, bataillon, régiment, etc.*) dont relève immédiatement l'intéressé.

Compétence limitée sur le territoire français.

133. « Hors de France, la compétence des fonctionnaires et officiers ci-dessus désignés sera absolue.

« En France, elle sera limitée au cas où les intéressés ne pourront s'adresser à un notaire. Mention de cette impossibilité sera consignée dans l'acte. » (Article 3 de la loi du 8 juin 1893.)

OBSERVATION. — Il s'agit ici d'une impossibilité relative, non absolue. Si un militaire ne pouvait quitter son poste, sans de graves inconvénients pour le service, on devrait le considérer comme étant dans l'impossibilité de s'adresser à un notaire. Il en serait de même au cas de maladie dûment constatée.

Forme des actes. — Légalisation. — Timbre et enregistrement.

134. « Les actes reçus dans les conditions indiquées en la présente loi seront rédigés en brevet.

« Ils seront légalisés par un fonctionnaire de l'intendance ou par un officier du commissariat s'ils ont été dressés dans un corps de troupe et par le médecin-chef, s'ils ont été dressés dans un hôpital ou une formation sanitaire militaire.

« Ils ne pourront être valablement utilisés qu'à la condition d'être timbrés et après avoir été enregistrés. » (Article 4 de la loi du 8 juin 1893.)

OBSERVATIONS. — *a*) L'acte sera reçu en présence de deux témoins, avec indication de la cause qui a empêché les parties de réclamer le ministère d'un notaire. Il énoncera le lieu, l'année et le jour où l'acte sera passé, les noms, prénoms, qualités et demeures des intéressés et des témoins. Il sera signé par les parties, par les témoins et par l'officier instrumentaire. Mention y sera faite de la déclaration de ceux qui ne savent ou ne peuvent signer.

b) L'acte sera reçu en *brevet*, c'est-à-dire que l'officier instrumentaire ne sera pas tenu d'en conserver minute ; il se bornera à l'enregistrer sommairement sur le mémorial dont il a été question ci-dessus. (N° 112 *c*.)

c) Il résulte des commentaires qui ont accompagné le vote de la loi, que les intéressés auront le choix entre les divers modes de timbrage en vigueur.

L'acte pourra donc être rédigé sur papier libre, sauf à être ultérieurement timbré à l'extraordinaire ou par l'apposition d'un timbre mobile.

§ 2. — *Extrait des dispositions du Code civil relatives aux procurations.*

Définition de la procuration.

135. « Le mandat ou procuration est un acte par lequel une personne donne à une autre le pouvoir de faire quelque chose pour le mandant et en son nom.

« Le contrat ne se forme que par l'acceptation du mandataire. » (Code civil, article 1984.)

Forme.

136. « Le mandat peut être donné ou par acte public ou par écrit sous seing privé, même par lettre..... » (Code civil, art. 1985.)

Observations. — Il est des cas où la procuration doit être nécessairement dressée en la forme authentique. *Exemples :* article 36 du Code civil (n° 3 de l'instruction); article 66 (*oppositions au mariage*, n° 71 de l'instruction); article 412 (*membres du conseil de famille convoqués par le juge de paix*).

Le mandat est encore soumis à la forme authentique toutes les fois que l'acte en vue duquel il est délivré est lui-même soumis à cette forme (*contrat de mariage, donation, constitution d'hypothèque, émancipation, etc.*).

Gratuité du mandat.

137. « Le mandat est gratuit s'il n'y a convention contraire. » (Code civil, art. 1986.)

138. « Il est ou spécial et pour une affaire ou certaines affaires seulement, ou général et pour toutes les affaires du mandant. » (Code civil, art. 1987.)

Mandat général.

139. « Le mandat conçu en termes généraux n'embrasse que les actes d'administration.

« S'il s'agit d'aliéner ou d'hypothéquer, ou de quelque autre acte de propriété, le mandat doit être exprès. » (Code civil, art. 1988.)

Observation. — La vente des récoltes et objets sujets à dépérissement est un acte d'administration et non un acte d'aliénation.

Qui peut être mandataire.

140. « Les femmes et les mineurs émancipés peuvent être choisis pour mandataires, mais le mandant n'a d'action contre le manda-

taire mineur que d'après les règles générales relatives aux obligations des mineurs; et contre la femme mariée et qui a accepté le mandat sans l'autorisation de son mari, que d'après les règles établies au titre du contrat de mariage et des droits respectifs des époux. » (Code civil, art. 1990.)

Révocation du mandat.

141. « Le mandant peut révoquer sa procuration quand bon lui semble, et contraindre, s'il y a lieu, le mandataire à lui remettre soit l'écrit sous seing privé qui la contient, soit l'original de la procuration si elle a été délivrée en brevet, soit l'expédition s'il en a été gardé minute. » (Code civil, art. 2004.)

« La constitution d'un nouveau mandataire pour la même affaire vaut révocation du premier, à compter du jour où elle a été notifiée à celui-ci. » (Code civil, art. 2006.)

§ 3. — *Extrait des dispositions du Code civil relatives à l'autorisation maritale.*

Cas dans lesquels l'autorisation est nécessaire.

142. « La femme ne peut ester en jugement sans l'autorisation de son mari, quand même elle serait marchande publique, ou non commune ou séparée de biens. » (Code civil, art. 215.)

« L'autorisation du mari n'est pas nécessaire lorsque la femme est poursuivie en matière criminelle ou de police. » (Code civil, art. 216.)

« La femme, même non commune ou séparée de biens, ne peut donner, aliéner, hypothéquer, acquérir à titre gratuit ou onéreux, sans le concours du mari dans l'acte, ou son consentement par écrit. » (Code civil, art. 217.)

« La femme, si elle est marchande publique, peut, sans l'autorisation de son mari, s'obliger pour ce qui concerne son négoce, et, audit cas, elle oblige aussi son mari s'il y a communauté entre eux.

« Elle n'est pas réputée marchande publique si elle ne fait que détailler les marchandises du commerce de son mari, mais seulement quand elle fait un commerce séparé. » (Code civil, art. 220.)

« Si le mari est mineur, l'autorisation du juge est nécessaire à la femme soit pour ester en jugement, soit pour contracter. » (Code civil, art. 224.)

« La femme peut tester sans l'autorisation de son mari. » (Code civil, art. 226.)

Cas où la femme est séparée de biens.

143. « Lorsque les époux ont stipulé par leur contrat de mariage qu'ils seraient séparés de biens, la femme conserve l'entière administration de ses biens meubles et immeubles et la jouissance libre de ses revenus. » (Code civil, art. 1536.)

Cas où la femme est mariée sous le régime dotal.

144. « La femme a l'administration et la jouissance de ses biens paraphernaux;

« Mais elle ne peut les aliéner ni paraître en jugement à raison desdits biens sans l'autorisation du mari ou, à son refus, sans la permission de la justice. » (Code civil, art. 1576.)

L'autorisation ne peut être générale.

145. « Toute autorisation générale, même stipulée par contrat de mariage, n'est valable que quant à l'administration des biens de la femme. » (Code civil, art. 223.)

Observations — *a*) On remarquera que, si la femme s'est, par contrat de mariage, réservé l'administration de tout ou partie de ses biens, elle n'a pas besoin, pour faire acte d'administration, de l'autorisation de son mari.

Si cette administration a été conférée au mari et que celui-ci veuille, par exemple, passer un bail, vendre les fruits d'une récolte, etc., l'acte qui habilitera sa femme à agir en son lieu et place devra être, non une autorisation, mais une procuration.

b) L'autorisation n'est spéciale et, partant, légale que si elle vise une opération déterminée : vente de tel immeuble, emprunt de telle somme ou jusqu'à concurrence de telle somme, etc.

c) Il résulte de l'article 4 du Code de commerce que le mari peut valablement autoriser sa femme à faire le commerce, malgré le caractère général de cette autorisation.

§ 4. — *Extrait des dispositions du Code civil relatives aux consentements à mariage.*

146. *Consentements à mariage.* — Ces dispositions sont contenues dans les articles ci-après, déjà reproduits, du Code civil :

Article 73 (n° 41 de l'instruction).
Article 148 (n° 37 id.).
Article 149 (n° 38 id.).
Article 150 (n° 39 id.).
Article 158 (n° 49 id.).
Article 159 (n° 50 id.).
Article 160 (n° 40 id.).

§ 5. — *Extrait de la loi du 15 juillet 1889. — Dispositions relatives aux engagements volontaires.*

Engagements volontaires.

147. « L'engagé volontaire doit..... 6° S'il a moins de vingt ans, être pourvu du consentement de ses père, mère ou tuteur ; ce dernier doit être autorisé par une délibération du conseil de famille. Le consentement du directeur de l'assistance publique dans le département de la Seine, et du préfet dans les autres départements, est nécessaire et suffisant pour les moralement abandonnés. » (Loi du 15 juillet 1889, art. 59.)

OBSERVATION. — Le consentement de la mère n'est exigé que si le père est décédé ou dans l'impuissance de manifester sa volonté.

SECTION III.

CERTIFICAT DE VIE.

148. Conformément à l'article 2 de l'ordonnance du 24 janvier 1816, les certificats de vie sont délivrés aux militaires des corps de troupe par les conseils d'administration ou les officiers qui en remplissent les fonctions, et aux officiers et employés sans troupe par les fonctionnaires de l'intendance. Ils sont signés par l'autorité qui délivre le certificat et par le requérant, dont les noms, prénoms, grade ou qualité et date de naissance sont clairement énoncés dans l'acte.

TITRE VIII.

DISPOSITIONS RELATIVES AUX MILITAIRES EMBARQUÉS.

149. Les officiers et les fonctionnaires de la marine sont exclusivement compétents pour dresser à bord les actes de l'état civil, et assurer leur destination (art. 59, 86, 87, 88, 89 et 90 (nouveaux) du Code civil), ainsi que pour recevoir les testaments (art. 988 à 993), procurations, autorisations maritales, etc. (Art. 2 de la loi du 8 juin 1893.) Ces dispositions sont applicables alors même que les militaires voyageraient en corps ou en détachements.

Les officiers des corps embarqués n'auront donc à intervenir dans aucun cas soit comme officiers de l'état civil, soit comme officiers publics.

ANNEXES.

A.

Désignation des officiers de l'état civil dans les diverses formations de guerre.

FORMATIONS DIVERSES.	ÉLÉMENTS CONSTITUTIFS DES FORMATIONS.	OFFICIERS OU FONCTIONNAIRES chargés de la tenue des registres de l'état civil.	AUTORITÉS QUALIFIÉES pour coter et parapher les registres.
Grand quartier général d'un groupe d'armées	Commandant en chef et cabinet	Sous-intendant chargé de l'administration du quartier général.	Major général.
	Grand état-major général		
	Direction générale des chemins de fer et des étapes		
	Service de l'artillerie		
	Service du génie		
	Service de l'intendance		
	Service de santé		
	Service télégraphique		
	Service de la trésorerie et des postes		
	Administration du quartier général		
	Prévôté et force publique		
	Détachement de télégraphie		
	Escadrons d'escorte		
	Détachement du train		
	Personnes non militaires	Prévôt.	
Quartier général d'armée.	Etat-major général	Sous-intendant chargé de l'administration	
	Direction de télégraphie		
	Service de l'artillerie		
	Service du génie		
	Service de l'intendance		
	Service de santé		
	Service vétérinaire		

(1er et 2e groupes.)	Trésorerie et postes	du quartier général.	Chef d'état-major général.
	Justice militaire		
	Prévôté et force publique		
	Pelotons d'escorte		
	Section télégraphique		
	Détachement du train		
	Personnes non militaires	Grand prévôt.	
Quartier général d'armée. (3e groupe.)	Etat-major général		Chef d'état-major général.
	Direction des étapes		
	Service de l'artillerie		
	Service du génie	Un des sous-intendants attachés au service de l'intendance.	
	Service de l'intendance		
	Service de santé		
	Service vétérinaire		
	Trésorerie et postes		
	Service de la télégraphie		
	Prévôté		
	Personnes non militaires	Prévôt.	
Quartier général du corps d'armée.	Etat-major du corps d'armée		Chef d'état-major.
	Etat-major de l'artillerie		
	Etat-major du génie		
	Etat-major de la brigade de cavalerie		
	Direction des services de l'intendance	Sous-intendant chargé de l'administration du quartier général.	
	Administration du quartier général		
	Direction du service de santé		
	Service vétérinaire		
	Trésorerie et postes		
	Prévôté		
	Vivres régimentaires		
	Section de télégraphie		
	Peloton d'escorte		
	Convoi administratif		
	Boulangerie de campagne (1)		
	Personnes non militaires	Prévôt.	

(1) Si elle est rattachée au corps d'armée.

FORMATIONS DIVERSES.	ÉLÉMENTS CONSTITUTIFS DES FORMATIONS.	OFFICIERS OU FONCTIONNAIRES chargés de la tenue des registres de l'état civil.	AUTORITÉS QUALIFIÉES pour coter et parapher les registres.
Quartier général de division d'infanterie.	Etat-major de la division	Sous-intendant chef de service.	Chef d'état-major.
	Etats-majors des brigades		
	Etat-major de l'artillerie		
	Direction des services de l'intendance		
	Direction des services de santé		
	Trésorerie et postes		
	Justice militaire		
	Force publique		
	Escorte		
	Vivres régimentaires		
	Convoi administratif		
	Personnes non militaires	Prévôt.	
Quartier général d'une division de cavalerie.	Etat-major de la division	Sous-intendant chef de service.	Chef d'état-major.
	Etats-majors des brigades		
	Direction du service de l'intendance		
	Trésorerie et postes		
	Télégraphie		
	Service des pigeons-voyageurs		
	Justice militaire		
	Force publique		
	Vivres régimentaires		
	Personnes non militaires	Commandant de la force publique.	

Corps de troupe.	Régiment d'infanterie	Trésorier ou officier payeur.	Le commandant du corps.
	Bataillon détaché	Officier commandant.	
	Compagnie détachée	Officier commandant.	
	Bataillon de chasseurs	Trésorier.	
	Régiment de cavalerie	Trésorier ou officier payeur.	
	Escadron ou peloton détaché	Officier commandant.	
	Groupe de batteries de campagne	Officier commandant le groupe.	
	Batterie isolée	Officier commandant.	
	Section de munitions	Officier commandant.	
	Parc d'artillerie (détachement d'ouvriers et sections de parc)	Officier commandant le parc.	
	Compagnie de pontonniers	Officier commandant.	
	Batterie détachée d'artillerie à pied	Officier commandant.	
	Bataillon d'artillerie à pied	Trésorier.	
	Etat-major de parc du génie et détachements divers	Officier commandant la compagnie marchant avec le parc	NOTA. — Les registres des portions détachées sont cotés et paraphés avant le départ ; si cette formalité a été omise, ils le seront par le chef d'état-major, le gouverneur de la place ou le commandant du fort, suivant le cas.
	Compagnie du génie	Officier commandant.	
	Compagnie de sapeurs de chemins de fer	Officier commandant.	
	Section d'aérostiers	Officier commandant.	
Formations diverses.	Compagnie de douaniers	Officier commandant.	Chef d'état-major de l'armée ou du corps d'armée, ou gouverneur de la place, suivant le cas.
	Compagnie de chasseurs forestiers	Officier commandant.	
	Section de chemins de fer de campagne	Officier commandant.	
Gouvernement de place forte ou commandement de fort isolé.	Etat-major et services divers	Sous-intendant chef de service ou l'officier désigné pour le suppléer.	Le gouverneur de la place ou le commandant du fort, suivant le cas.

FORMATIONS DIVERSES.	ÉLÉMENTS CONSTITUTIFS DES FORMATIONS.	OFFICIERS OU FONCTIONNAIRES chargés de la tenue des registres de l'état civil.	AUTORITÉS QUALIFIÉES pour coter et parapher les registres.
Formations diverses du service des étapes. Têtes d'étapes de guerre ou de route. Gîtes principaux ou gîtes d'étapes.	Pour tous les personnels qui ne relèvent pas d'un corps, détachement ou formation pourvu d'un officier de l'état civil, ces fonctions sont remplies par le sous-intendant militaire ou, à défaut, par le commandant d'étape dans la circonscription duquel ils se trouvent........		Chef d'état-major du service des étapes.
Formations sanitaires.	Ambulances, hôpitaux de campagne, d'évacuation, etc.	Officier d'administration.	Médecin-chef.

NOTA. — Dans les hôpitaux auxiliaires gérés par des personnels civils (société d'assistance, etc.), les fonctions d'officier de l'état civil sont remplies par le sous-intendant militaire ou, à défaut, par le commandant d'étape dans le ressort duquel fonctionne l'hôpital.

B.

Catalogue des pièces de toute nature à remettre au département de la guerre, après le décès des officiers généraux, des officiers supérieurs, chefs de corps ou de service et des intendants militaires.

(Cette annexe ne comprend que les pièces de la période de 1790 à nos jours. Il doit être entendu que tous les papiers de même nature appartenant à des périodes antérieures seront pareillement recueillis. On a cru inutile d'allonger la nomenclature ci-contre, de pareils documents historiques ne devant se rencontrer que beaucoup plus rarement.)

1° Les arrêtés de l'Assemblée nationale ou constituante et la correspondance de chacun de ses membres comme fonctionnaires, en original ou en copie.

2° Les arrêtés de l'Assemblée législative et la correspondance de chacun de ses membres, comme fonctionnaires, en original, etc.

3° Les arrêtés de la Convention nationale et la correspondance de chacun de ses membres, en original, etc.

4° Les arrêtés du Comité de Salut public et la correspondance de chacun de ses membres, en original, etc.

5° La correspondance des délégués du Comité de Salut public ou du représentant du peuple près les armées de la République avec le Comité lui-même, et pour tout ce qui se rattache à leurs fonctions, en original, etc.

6° La correspondance des Comités central révolutionnaire, de défense, de sûreté générale et de surveillance à l'intérieur et de celle particulière à chacun de leurs membres comme fonctionnaires, en original, etc.

7° La correspondance des douze commissaires institués par le Comité de Salut public en remplacement des ministres, en original, etc.

8° La correspondance des membres du Conseil exécutif, en original, etc.

9° Les arrêtés du Directoire exécutif et la correspondance de chacun de ses membres comme fonctionnaires, en original, etc.

10° La correspondance des membres du conseil des Anciens, relative à leurs actes comme représentants, en original, etc.

11° La correspondance des membres du conseil des Cinq-Cents, relative à leurs actes comme représentants, en original, etc.

12° La correspondance des commissaires du Directoire près les départements et en Italie ou autres pays conquis, soit avec le Directoire, soit avec les généraux en chef ou autres des armées de la République, ministres, etc., en original, etc.

13° La correspondance des administrateurs des départements avec le Directoire, pour tout ce qui concerne leurs fonctions, en original, etc.

14° La correspondance des consuls de la République française près des cours étrangères avec le Directoire ou les généraux commandant les armées, corps d'armée, etc., en original, etc.

15° Les arrêtés et la correspondance des trois Consuls de la République, en original, etc.

16° Les arrêtés et la correspondance du premier consul Bonaparte jusqu'à l'époque de son couronnement comme empereur, en original, etc.

17° La correspondance de l'empereur Napoléon, soit militaire, soit politique, soit administrative, tant pour l'intérieur que pour l'extérieur, en original, etc.

Tout ce qui porte soit une signature, soit une annotation, soit un simple « approuvé » de l'empereur.

18° La correspondance des souverains, princes ou alliés de la famille impériale, provenant de l'intérieur ou de l'extérieur, en original, etc.

19° La correspondance des souverains et princes étrangers, alliés ou ennemis de la France, en original, etc.

20° La correspondance du major général Alexandre Berthier, tant pour l'intérieur que pour l'extérieur, en original, etc.

21° La correspondance du Ministre de la guerre.

22° La correspondance des maréchaux de l'Empire, généraux commandant en chef, tant pour l'intérieur que pour l'extérieur, en original, etc.

23° La correspondance des généraux de division, généraux de brigade, de toutes armes, adjudants généraux, adjudants commandants, tant pour l'intérieur que pour l'extérieur, en original, etc.

24° La correspondance des colonels chefs d'état-major, colonels et chefs de corps de toutes armes, tant pour l'intérieur que pour l'extérieur, en original, etc.

25° La correspondance des commandants d'armes, de places, de postes, etc., tant pour l'intérieur que pour l'extérieur, en original, etc.

26° La correspondance des intendants généraux d'armée et intendants des provinces conquises ou alliées, en original, etc.

27° La correspondance des commissaires ordonnateurs en chef des guerres, commissaires ordonnateurs et ordinaires des guerres et adjoints, tant pour l'intérieur que pour l'extérieur, en original, etc.

28° La correspondance des inspecteurs en chef aux revues, inspecteurs, sous-inspecteurs et adjoints, tant pour l'intérieur que pour l'extérieur, en original, etc.

29° La correspondance des payeurs généraux d'armée, corps d'armée, payeurs divisionnaires et payeurs dans les places, tant pour l'intérieur que pour l'extérieur, en original, etc.

30° La correspondance des ministres ayant département et ministres d'Etat, tant pour l'intérieur que pour l'extérieur, en original, etc.

31° La correspondance des directeurs généraux et sous-directeurs des différents services publics, secrétaires généraux, administrateurs généraux et autres, tant à l'intérieur qu'à l'extérieur, en original, etc.

32° La correspondance des préfets, sous-préfets, maires et adjoints, etc., etc.

33° La correspondance des ambassadeurs français à l'étranger, en original, etc.

34° La correspondance des chargés d'affaires français à l'étranger, en original, etc.

35° La correspondance des ambassadeurs étrangers, en original, etc.

36° La correspondance des chargés d'affaires étrangers, en original, etc.

37° La correspondance des officiers généraux et officiers de tout grade armées alliées ou ennemies de la France, en original, etc.

38° La correspondance des officiers généraux et officiers de tout grade des armées étrangères, en original, etc.

39° Tous les registres de correspondance, d'ordres, etc., de quelque nature qu'ils soient, provenant des armées ou corps d'armée des places françaises ou places ennemies occupées par nos troupes, soit ceux provenant des armées, corps d'armée ennemis ou places occupées par leurs troupes.

40° Les bulletins d'armées, corps d'armée, corps expéditionnaires, manuscrits ou imprimés.

41° Les ordres du jour d'armées, corps d'armée, corps expéditionnaires, manuscrits ou imprimés.

42° Les traités, conventions, capitulations, en original ou en copie, manuscrits ou imprimés.

43° Les procès-verbaux de remises de territoires et de places avec les états joints à ces procès-verbaux.

44° Les journaux d'opérations des armées, corps d'armée, corps expéditionnaires, divisions, brigades, etc., cartes, croquis ou calques joints à ces journaux d'opérations.

45° Les mémoires historiques des demi-brigades, régiments, bataillons etc., cartes, croquis, calques, etc.

46° Les états de situation d'armées, corps d'armée, corps de troupe et fractions de corps de toutes armes, tant pour l'intérieur que pour l'extérieur, en original, etc.

47° Les tableaux d'organisation et de formation d'armée, corps d'armée, corps de troupe et fractions de corps de toutes armes, tant pour l'intérieur que pour l'extérieur.

48° Les registres de greffes, de cours prévôtales, conseils de guerre, etc.; les libellés des jugements rendus et expéditions de ces jugements, soit imprimés, soit manuscrits,

Et subsidiairement :

Les mémoires accompagnés de leurs cartes, plans, croquis et calques; les précis, les notes, les reconnaissances, etc., se rapportant, soit à des projets non suivis d'exécution, inventions ou essais, soit à des faits accomplis, tant à l'intérieur qu'à l'extérieur, en Europe ou hors d'Europe, avec ou sans nom d'auteur, de quelque nature que soient ces documents et à quelque époque qu'ils appartiennent.

Enfin, toutes pièces portant timbre, soit du ministère de la guerre, soit du dépôt général de la guerre, soit des cabinets topographiques de l'empereur et du roi, et qui, par conséquent, doivent faire retour à ces administrations.

C.

Groupements de malades qui doivent être compris sous la désignation d'hôpitaux ou formations sanitaires militaires et dont les médecins-chefs ont, en matière de testaments, la compétence définie par l'article 982 du Code civil.

1° Poste de secours de régiment ou de bataillon.

2° Ambulance ou section d'ambulance opérant isolément.

3° Hôpital de campagne.

4° Hôpital ou section d'hôpital d'évacuation.

5° Train sanitaire d'évacuation.

6° Convoi d'évacuation de malades ou blessés.

7° Hôpital auxiliaire de campagne administré par une société d'assistance.

8° Infirmerie de gare ou de gîte d'étapes de la zone des armées dirigée par le service de santé militaire.

Groupements de malades et blessés ne devant pas être considérés comme formations sanitaires ou hôpitaux militaires visés par l'article 982 du code civil.

1° Les groupes de blessés, malades et éclopés marchant à la suite des régiments.
2° Les infirmeries régimentaires.
3° Les dépôts de convalescents.
4° Les dépôts d'éclopés.
5° Les hôpitaux auxiliaires du territoire.
6° Les infirmeries de gares hors de la zone des armées.
7° Les hôpitaux de répartition.
8° Les hôpitaux et hospices permanents régis par les autorités locales.

Paris, le 23 juillet 1894.

Le Ministre de la guerre,
Signé : A. MERCIER.

MODÈLES.

MODÈLES

annexés à l'instruction ministérielle du 23 juillet 1894

1. — REGISTRE

destiné à l'inscription des actes de l'état civil rédigés aux armées.

Désignation du corps ou de la formation. {

Nota. — Dans le cas où, par suite des événements de la guerre, un registre de l'état civil viendrait à être perdu, la perte en sera constatée de suite par un procès-verbal en bonne forme, dont une copie sera adressée au Ministre de la guerre. Le procès-verbal qui aura été rédigé sera transcrit en tête du second registre, qui devra être établi aussitôt après la perte du premier.

CODE CIVIL.

TITRE V. — Du mariage.

(L'officier de l'état civil doit en donner lecture au moment de la célébration du mariage.)

CHAPITRE VI.

1° Des droits et des devoirs respectifs des époux.

Art. 212. Les époux se doivent mutuellement fidélité, secours, assistance.

Art. 213. Le mari doit protection à sa femme, la femme obéissance à son mari.

Art. 214. La femme est obligée d'habiter avec le mari et de le suivre partout où il juge à propos de résider. Le mari est obligé de la recevoir et de lui fournir tout ce qui est nécessaire pour les besoins de la vie, selon ses facultés et son état.

Art. 215. La femme ne peut ester en jugement sans l'autorisation de son mari, quand même elle serait marchande publique, ou non commune, ou séparée de biens.

Art. 216. L'autorisation du mari n'est pas nécessaire lorsque la femme est poursuivie en matière criminelle ou de police.

Art. 217. La femme, même non commune ou séparée de biens, ne peut donner, aliéner, hypothéquer, acquérir à titre gratuit ou onéreux, sans le concours du mari dans l'acte, ou son consentement par écrit.

Art. 218. Si le mari refuse d'autoriser sa femme à ester en jugement, le juge peut donner l'autorisation.

Art. 219. Si le mari refuse d'autoriser sa femme à passer un acte, la femme peut faire citer son mari directement devant le tribunal de première instance de l'arrondissement du domicile commun, qui peut donner ou refuser son autorisation, après que le mari aura été entendu ou dûment appelé en la chambre du conseil.

Art. 220. La femme, si elle est marchande publique, peut, sans l'autorisation de son mari, s'obliger pour ce qui concerne son négoce, et, audit cas, elle oblige aussi son mari, s'il y a communauté entre eux.

Elle n'est pas réputée marchande publique si elle ne fait que détailler les marchandises du commerce de son mari, mais seulement quand elle fait un commerce séparé.

Art. 221. Lorsque le mari est frappé d'une condamnation emportant peine afflictive ou infamante, encore qu'elle n'ait été prononcée que par contumace, la femme, même majeure, ne peut, pendant la durée de la peine, ester en jugement, ni contracter, qu'après s'être fait autoriser par le juge, qui peut, en ce cas, donner l'autorisation sans que le mari ait été entendu ou appelé.

Art. 222. Si le mari est interdit ou absent, le juge peut, en connaissance de cause, autoriser la femme soit pour ester en jugement, soit pour contracter.

Art. 223. Toute autorisation générale, même stipulée par contrat de mariage, n'est valable que quant à l'administration des biens de la femme.

Art. 224. Si le mari est mineur, l'autorisation du juge est nécessaire à la femme, soit pour ester en jugement, soit pour contracter.

Art. 225. La nullité fondée sur le défaut d'autorisation ne peut être opposée que par la femme, par le mari ou par leurs héritiers.

Art. 226. La femme peut tester sans l'autorisation de son mari.

2° Acte de naissance d'un enfant légitime (1).

L'an mil huit cent quatre-vingt..... (*compléter le millésime en toutes lettres*), le..... (*quantième en toutes lettres et mois*), à..... (*indiquer l'heure et la minute en toutes lettres*) du matin (*ou* soir), étant à..... (*indiquer le lieu*). Acte de naissance de..... (*prénoms et nom*), du sexe masculin (*ou* féminin), né..... (*ou* née) le..... (*date complète en toutes lettres*), à ..... (*indiquer l'heure et la minute en toutes lettres*), du matin (*ou* soir), à..... (*indiquer le lieu de la naissance*), fils (*ou* fille) de..... (*prénoms, nom, âge, grade et corps ou profession du père*) et de..... (*prénoms, nom, âge et profession de la mère*), mariés, domiciliés à..... (*indiquer le dernier domicile de la mère, en précisant, s'il s'agit d'une ville, la rue et le numéro*). Dressé par moi..... (*prénoms, nom, grade et corps de l'officier instrumentaire*) officier de l'état civil, sur la présentation de l'enfant et la déclaration faite par le père (*si le père n'est pas présent, mettre :* déclaration faite, le père absent, par...... (*prénoms, nom, âge, grade, domicile du médecin ou de la sage-femme ou, à défaut, d'un individu ayant connaissance de l'accouchement*). En présence de..... (*prénoms, nom, âge, grade et corps ou profession, domicile du premier témoin*), et de..... (*prénoms, nom, âge, grade et corps ou profession, domicile du second témoin*), témoins qui ont signé avec moi après lecture.

(*Si quelqu'un ne sait signer, en faire mention.*)

3° Acte de naissance d'un enfant naturel (1).

L'an mil huit cent quatre-vingt.... (*compléter le millésime en toutes lettres*), le..... (*quantième en toutes lettres et mois*), à..... (*indiquer l'heure et la minute en toutes lettres*) du matin (*ou* soir), étant à..... (*indiquer le lieu*). Acte de naissance de..... (*prénoms au nombre de deux au moins si l'enfant n'est pas reconnu, nom du père si ce dernier reconnaît l'enfant, ou nom de la mère si elle est seule dénommée*) du sexe masculin (*ou* féminin), né..... (*ou* née) le...... (*date complète en toutes lettres*)

---

(1) Formule de la ville de Paris. (*Bulletin des actes administratifs de la Seine*, 20 décembre 1880.)

à..... (*indiquer l'heure et la minute en toutes lettres*) du matin (*ou* soir), à..... (*indiquer le lieu de la naissance*), fils (*ou* fille) de..... (*prénoms, nom, âge, profession ou grade et corps, dernier domicile du père si celui-ci est comparant ou s'il a donné procuration pour reconnaître l'enfant*) qui a déclaré le..... (*ou* la) reconnaître (*sinon, on met :* fils *ou* fille de père inconnu), et de..... (*prénoms, nom, âge, profession et dernier domicile de la mère, si elle est connue, sinon on met :* mère inconnue). Dressé par moi..... (*prénoms, nom, grade et corps de l'officier instrumentaire*) officier de l'état civil, sur la présentation de l'enfant et la déclaration faite par le père (*si le père n'est pas présent, mettre :* déclaration faite par (*prénoms, nom, âge, grade, domicile du médecin ou de la sage-femme, ou, à défaut, d'un individu ayant connaissance de l'accouchement; indiquer, s'il y a lieu, qu'il agit en vertu d'une procuration du père*). En présence de..... (*prénoms, nom, âge, grade et corps ou profession, domicile du premier témoin*) et de..... (*prénoms, nom, âge, grade et corps ou profession, domicile du second témoin*), témoins qui ont signé avec moi après lecture.

(*Si quelqu'un ne sait signer, en faire mention.*)

4° Acte de présentation d'un enfant sans vie (1).

L'an mil huit cent quatre-vingt..... (*compléter le millésime en toutes lettres*), le..... (*quantième en toutes lettres et mois*), à..... (*indiquer l'heure et la minute en toutes lettres*) du matin (*ou* soir), étant à..... (*indiquer le lieu*). Acte de présentation d'un enfant sans vie du sexe masculin (*ou* féminin), fils (*ou* fille) de..... (*prénoms, nom, âge, grade et corps ou profession, domicile du père, ou, s'il n'est pas dénommé, on met :* père inconnu) et de..... (*prénoms, nom, âge, profession, domicile de la mère, ou* mère inconnue) (*s'il y a lieu, ajouter :* mariés), ledit enfant sorti du sein de sa mère, le..... (*date complète en toutes lettres*), à (*indiquer l'heure et la minute en toutes lettres*) du matin (*ou* soir), à.... (*indiquer le lieu de la naissance*), dressé par moi..... (*prénoms, nom, grade et corps de l'officier instrumentaire*), officier de l'état civil, sur la présentation de l'enfant, et de la déclaration de..... (*prénoms, nom, âge, grade et corps, profession, domicile, parenté, s'il y a lieu, avec l'enfant, du premier témoin*) et de..... (*prénom, nom, âge, grade et corps, profession, domicile, parenté, s'il y a lieu, avec l'enfant, du second témoin*), témoins qui ont signé avec moi après lecture.

(*Si quelqu'un ne sait signer, en faire mention.*)

5° Acte de reconnaissance d'un enfant naturel (1).

L'an mil huit cent quatre-vingt..... (*compléter le millésime en toutes lettres*), le..... (*quantième en toutes lettres et mois*), à..... (*indiquer l'heure et la minute en toutes lettres*) du matin (*ou* soir), étant à..... (*indiquer le lieu*). Acte de reconnaissance de..... (*prénoms, nom*), du sexe masculin (*ou* féminin), né..... (*ou* née), le..... (*date en toutes lettres*), inscrit (*ou* inscrite) sur le registre de l'état civil de..... (*indiquer le corps ou la commune*), le..... (*date en toutes lettres de la réception de l'acte de naissance*) comme fils (*ou* fille) de..... (reporter les indications de l'acte de naissance), (*ou* acte de reconnaissance de l'enfant dont est actuellement enceinte), (*ou* dont doit être actuellement accouchée) (*prénoms, nom, âge, profession, domicile de la mère*), dressé par moi.... (*prénoms, nom, grade et corps de l'officier instrumentaire*), officier de l'état civil,

---

(1) Voir page 90.

sur la déclaration de.....(*prénoms, nom, âge, grade et corps ou profession, domicile du père ou de la mère, ou de chacun d'eux s'ils comparaissent ensemble*), qui reconnaît (*ou* reconnaissent) le susdit..... (*prénoms, nom de l'enfant*) pour son (*ou* leur) enfant. En présence de..... (*prénoms et nom, âge, grade et corps ou profession, domicile du premier témoin*) et de.... (*prénoms, nom, âge, grade et corps ou profession, domicile du second témoin*), qui ont signé avec le déclarant (*ou* les déclarants) et moi, après lecture.

(*Si quelqu'un ne sait signer, en faire mention.*)

6° Acte de mariage (1).

L'an mil huit cent quatre-vingt..... (*compléter le millésime en toutes lettres*), le..... (*quantième en toutes lettres et mois*), à..... (*indiquer l'heure et la minute en toutes lettres*) du matin (*ou* soir), étant à..... (*indiquer le lieu*). Acte de mariage de (*prénoms et noms, grade et corps ou profession du futur*), né à..... (*lieu de naissance*), le..... (*date en toutes lettres de la naissance*), domicilié à..... (*lieu de domicile*), fils majeur (*ou* mineur) de..... (*prénoms, nom, âge, profession, domicile des père et mère*) présents et consentants au mariage (*ou* consentants au mariage, aux termes d'un acte reçu par Mᵉ..... (*nom*), notaire à..... (*résidence du notaire*), le..... (*date de l'acte en toutes lettres*), *ou :* tous deux décédés, ainsi que l'attestent..... (*prénoms, nom*), grand-père paternel *ou* maternel, et..... (*prénoms, nom*), grand'mère maternelle *ou* paternelle du futur époux, présents et consentants au mariage *ou* consentants au mariage, aux termes d'un acte (*comme ci-dessus*) (*ou* le futur époux et les témoins du présent acte, lesquels affirment connaître le futur époux, déclarent avec serment, que tous ses ascendants sont décédés (*ou* absents) et qu'ils ignorent le lieu de leur décès (*ou* leur dernier domicile) (*ou, s'il est enfant légitime, mineur et orphelin*), ledit futur époux mineur dûment autorisé par délibération, en date du..... (*en toutes lettres*) de son conseil de famille réuni sous la présidence du juge de paix de..... (*indiquer le lieu*), (*ou, s'il est enfant naturel, mineur et orphelin*), ledit futur époux autorisé par..... (*prénom, nom, profession, domicile*), tuteur spécialement désigné en vue du mariage, par délibération en date du..... (*en toutes lettres*) du conseil de famille réuni sous la présidence du juge de paix d..... (*indiquer le lieu*) d'une part, et..... (*prénoms, nom, profession de la future*) (*mêmes indications et variantes que ci-dessus*), d'autre part, dressé par moi..... (*prénoms, nom, grade et corps de l'officier instrumentaire*), officier de l'état civil, qui ai procédé publiquement à la célébration du mariage, dans la forme suivante, après avoir donné aux parties lecture : 1° de leurs actes de naissance; 2° des actes de décès de..... (*indiquer les noms des ascendants dont le consentement est requis*); (3° *s'il a été adressé des actes respectueux*) des actes respectueux adressés par l'époux (ou l'épouse) à ses père et mère (ou grand-père, etc.) les..... (*dates des actes respectueux en toutes lettres*); 4° des actes de publications faites à l'ordre du jour de.... (*indiquer le corps ou l'armée, ou le corps d'armée*), le..... (*date en toutes lettres*), ainsi qu'aux mairies de..... (*indiquer les mairies où ont été faites les publications*) les..... (*dates en toutes lettres*) sans opposition; 5° de la permission de mariage exigée par l'article.... (*indiquer le nº de l'article, suivant le grade du militaire*) du décret du 16 juin 1808, toutes les pièces susmentionnées dûment paraphées; 6° du chapitre VI du livre Iᵉʳ du Code civil (titre du mariage), sur

(1) Voir page 90.

les droits et devoirs respectifs des époux; après avoir interpellé les futurs époux, les père et mère de l'époux (*etc.*), lesquels ont déclaré qu'il n'a pas été fait de contrat de mariage *ou* qu'il a été fait le..... (*date en toutes lettres*), un contrat de mariage devant Me..... (*nom*), notaire à..... (*résidence*), qui en a délivré certificat à moi produit. (*Si les futurs reconnaissent un enfant naturel*) : Les futurs ayant déclaré reconnaître pour leur fils (*ou* fille), en vue de la légitimation devant résulter de leur mariage (*prénoms, nom, date et lieu de la naissance et de l'enregistrement de cette dernière, filiation indiquée dans cet acte*). J'ai demandé aux futurs époux s'ils veulent se prendre pour mari et pour femme, et chacun d'eux ayant répondu affirmativement et séparément, à haute voix, j'ai prononcé, au nom de la loi, que..... (*prénoms et nom du futur*) et..... (*prénoms et nom de la future*), sont unis par le mariage. En présence de..... (*prénoms, nom, âge, grade et corps ou profession, domicile, parenté ou non parenté avec l'époux, de chacun des deux témoins de ce dernier*) et de..... (*mêmes indications pour chacun des deux témoins de l'épouse*), témoins qui ont signé avec les époux, les père et mère de l'époux, les père et mère de l'épouse (etc.) et moi, après lecture.

(*Si quelqu'un ne sait signer, en faire mention.*)

7° Acte de décès.

L'an mil huit cent quatre-vingt..... (*compléter le millésime en toutes lettres*), le..... (*quantième en toutes lettres et mois*), à..... (*indiquer l'heure et la minute en toutes lettres*) du matin (*ou* soir), étant à..... (*indiquer le lieu*). Acte de décès de..... (*prénoms, nom, grade, corps et immatriculation, ou profession, âge, lieu de naissance*), domicilié en dernier lieu à..... (*indiquer l'endroit, en spécifiant, s'il s'agit d'une ville, la rue et le numéro*), décédé à..... (*indiquer le lieu du décès*), le..... (*date complète en toutes lettres*) du matin (*ou* soir) (*si le militaire est décédé sur le champ de bataille ou des suites de blessures ou maladies contractées au service, on en fera mention*), fils (*ou* fille) de..... (*indiquer, si on les connaît exactement, les prénoms, nom, profession, domicile ou date du décès des père et mère, sinon ajouter :* père et mère dont les noms ne sont pas connus), célibataire (*ou* époux, *ou* épouse, *ou* veuf, *ou* veuve de....) (*prénoms, nom, domicile ou date du décès, si l'on possède exactement ces renseignements*), conformément à l'article 77 du Code civil, nous nous sommes transporté auprès de la personne décédée et assuré de la réalité du décès (*si cette constatation n'a pu être faite, indiquer les motifs qui l'ont empêchée*). Dressé par moi..... (*prénoms, nom, grade et corps de l'officier instrumentaire*), officier de l'état civil, sur la déclaration de..... (*prénoms, nom, âge, grade et corps ou profession, domicile, parenté, s'il y a lieu, avec le défunt, du premier témoin*) et de..... (*prénoms, nom, âge, grade et corps ou profession, domicile, parenté, s'il y a lieu, avec le défunt, du second témoin*), témoins qui ont signé avec moi, après lecture.

(*Si quelqu'un ne sait signer, en faire mention*) (1).

8° Acte de disparition.

(Désignation du corps ou de la formation.)

Nous, soussigné..... (*qualité du signataire de l'acte*), certifions que le nommé..... (*nom et prénoms*), fils de..... (*nom et prénoms des père et*

(1) La formule de l'acte de décès et celle de l'extrait y relatif seront im-

mère) et de....., né le..... (*date et lieu de la naissance*), à....., département d..... (*grade*), inscrit sous le n°..... du registre matricule, a disparu le..... (*date et lieu de la disparition*), et que, depuis cette époque, toutes les recherches auxquelles il a été procédé pour découvrir son sort, sont demeurées infructueuses.

Circonstances de la disparition :

(*Donner tous les détails possibles; mentionner s'il y a présomption de décès et les témoignages, etc.*)

Fait à..... le..... 18...

(*Suivent les signatures.*)

Vu par nous (*nom et prénoms*),
Sous-intendant militaire (ou médecin-chef).
(*Signature.*)

9° Procès-verbal de déclaration de décès.

Aujourd'hui (*date, mois et an en toutes lettres*), à..... (*indiquer le lieu*), devant nous (*nom, prénoms, grade et corps de l'officier ou du fonctionnaire rédacteur du procès-verbal*), sont comparus les sieurs (noms, prénoms, grades et corps des témoins), lesquels nous ont déclaré que le sieur, (*nom, prénoms, grade, corps et numéro matricule du décédé*, fils de (*prénoms du père*) et de (*prénoms et nom de la mère*), né le..... (*date, mois et an en toutes lettres*,, à..... (*indiquer le lieu*), département de..... (*nom du département*), est décédé à..... (*indiquer le lieu*), le..... (*date, mois et an en toutes lettres*), par suite de..... (*maladie, accident ou blessure*).

De tout quoi nous avons dressé le présent procès-verbal, qui a été signé par nous et les témoins, après lecture faite.

10° Procès-verbal de constatation du décès des militaires morts dans un accident et dont les corps n'ont pu être retrouvés (1).

L'an mil huit cent.., le..... (*date*), nous..... (*nom, prénoms et qualité*), remplissant les fonctions d'officier de l'état civil (*corps, état-major ou formation*),

---

primées conformément au modèle ci-dessous, sur la même feuille de papier; une ligne pointillée séparera les deux formules, qui pourront ainsi être facilement détachées (Note ministérielle du 20 novembre 1896.)

EXTRAIT MENSUEL.	ACTE DE DÉCÈS.
Format { Hauteur... 0m,26 / Largeur... 0m,13	Format { Hauteur.... 0m,26 / Largeur.... 0m,20
(Modèle n° 12 de l'instruction ministérielle du 23 juillet 1894.)	(Modèle n° 7 de l'instruction ministérielle du 23 juillet 1894.)

(1) Le procès-verbal enregistré sur le registre de l'état civil sera établi collectivement et les expéditions à adresser au Ministre seront distinctes par individu.

Vu la requête à nous adressée par M..... (*désigner l'autorité militaire*) et d'où il appert que (*indiquer la nature de l'accident*) a causé le décès de plusieurs militaires,

Nous sommes rendus sur le lieu de l'accident, où les déclarations suivantes nous ont été faites par. . . . .

. . . .

Les militaires dont les noms suivent ont disparu et tous les efforts faits pour retrouver leurs corps sont restés infructueux.

De tout quoi, etc.....

11° Procès-verbal de constatation du décès des militaires dont les corps sont retrouvés sur le champ de bataille (1).

L'an mil huit cent.., le....., (*date*). nous..... (*nom, prénoms*), officier d'administration gestionnaire de l'ambulance de....., remplissant, en cette qualité, les fonctions d'officier de l'état civil,

Avons, sur le champ de bataille de..... et en présence de..... et de.... constaté le décès des militaires ci-après désignés, d'après les indications portées sur la plaque d'identité et autres effets dont ils étaient détenteurs.

NOMS et PRÉNOMS.	DÉSIGNATION du corps.			GENRE DE MORT.	OBSERVATIONS. — (Faire connaître si les marques des vêtements et les indications du livret individuel sont ou non conformes à celles de la plaque d'identité.)

De tout quoi, etc.....

12° Extrait des actes de l'état civil à adresser mensuellement au Ministre de la guerre.

Nous soussigné (*prénoms, nom et grade de l'officier*), remplissant les fonctions d'officier de l'état civil, certifions qu'il résulte du registre destiné à l'inscription des actes de l'état civil pour le..... (*désignation du corps, de l'état-major ou de la formation*) :

(1° *Pour les actes de naissance*) que le nommé (*prénoms et nom du père ou de la personne qui a présenté l'enfant, désignation du corps, du bataillon ou de la compagnie à laquelle il appartient, numéro matricule*), nous a déclaré que le..... (*date de la naissance de l'enfant*), son épouse (*prénoms et nom de la mère*), est accouchée à..... (*indiquer le lieu et l'heure*) de..... (*d'un garçon ou d'une fille*) à qui ils ont donné les prénoms de.....

(2° *Pour les actes de mariage*) que les nommés (*prénoms, nom, âge et lieu de naissance du futur, le corps auquel il appartient, le bataillon et la compagnie ainsi que le numéro matricule*) et (*nom, prénoms, âge et lieu de naissance de la future*), ont contracté mariage le..... (*date*), à..... (*lieu*).

---

(1) Voir la note précédente.

(3° *Actes de décès*) que le nommé (*prénoms, nom et grade du décédé; désignation du corps, du bataillon et de la compagnie*), né à..... (*lieu de naissance*), immatriculé sous le numéro (*indiquer le numéro*), est décédé à..... (*indiquer le lieu*) par suite de..... (*déterminer le genre de mort lorsqu'il y a lieu*), le..... (*date du décès*) (1).

(*Signature.*)

Vu par nous (*nom et prénoms*),
Sous-intendant militaire (ou médecin-chef)
(*Signature.*)

13° Testament authentique dressé aux armées.

L'an mil huit cent..... (*compléter le millésime en toutes lettres*), le..... (*quantième en toutes lettres et mois*), à..... (*indiquer l'heure et la minute en toutes lettres*) du matin (*ou* soir), étant à..... (*indiquer le lieu*), devant (*prénoms, nom, grade et corps de l'officier instrumentaire*), et en présence de..... (*prénoms, nom, grade et corps ou profession, domicile de chacun des deux témoins*), tous deux témoins requis, lesquels ont déclaré être majeurs, Français jouissant de leurs droits civils, et n'être ni parents ni alliés du testateur, ni des légataires ci-après nommés, ni parents ni alliés entre eux, *ou* devant (*prénoms, nom, grade de chacun des deux commissaires ou intendants*), *ou* devant (*prénoms, nom, grade*), médecin en chef de..... (*indiquer l'hôpital, etc.*.), assisté de (*prénoms, nom, grade de l'officier d'administration gestionnaire*), a comparu (*prénoms, nom, grade et corps ou profession, domicile du testateur*), lequel, ayant paru à l'officier instrumentaire (*ou* aux officiers instrumentaires), ainsi qu'aux personnes sus-nommées, sain d'esprit, quoique malade de corps (ou blessé, *ou* sain d'esprit et de corps), a déclaré (*insérer ici les clauses du testament*).

L'officier instrumentaire a ensuite donné lecture au testateur de l'article 984 du Code civil, ainsi que du présent testament, et le testateur a déclaré le bien entendre et y persévérer comme renfermant ses dernières volontés (*si le testateur signe, ajouter :* il l'a en conséquence revêtu de sa signature), le tout en présence de MM. (*énumérer le ou les officiers instrumentaires et les témoins s'il y en a*), lesquels ont signé (*ou, si le testateur ne peut signer :* lesquels ont signé. Quant au testateur, il a déclaré à l'officier instrumentaire, en présence de MM..... (*nom du second officier et des témoins*) ne savoir signer ou ne pouvoir signer, en raison de (*énoncer clairement les causes de l'empêchement*) (*ou, si l'un des témoins ne peut signer :* M. (*nom du témoin qui signe*) a signé avec MM. (*nom des officiers instrumentaires*). Quant à M. (*nom du témoin qui ne signe pas*), il a déclaré ne savoir signer, ou ne pouvoir signer en raison de..... (*énoncer clairement les causes de l'empêchement*).

Fait en double original (*ou* en un seul original, en raison de l'état de santé du testataire, qui (*indiquer les causes qui ont empêché d'établir le deuxième original*).

(*Signatures.*)

---

(1) Voir le renvoi du 7° (acte de décès).

14° Acte de procuration, de consentement ou d'autorisation.

L'an mil huit cent quatre-vingt..... (*compléter le millésime en toutes lettres*), le..... (*quantième en toutes lettres et mois*), étant à..... (*indiquer le lieu*), devant (*prénoms, nom, grade de l'officier instrumentaire*), agissant en conformité de la loi du huit juin mil huit cent quatre-vingt-treize (*ajouter, si l'on est en France :* et par suite de l'impossibilité pour le comparant de s'adresser à un notaire, en raison de (*indiquer les causes de cette impossibilité*), a comparu (*prénoms, nom, grade et corps ou profession, dernier domicile du comparant*), lequel, en présence de.....et de..... (*indiquer les noms, prénoms et professions des témoins*), nous a déclaré

Dont acte, et le comparant a signé avec nous après lecture, ainsi que les témoins sus-désignés.

(*Signatures.*)

DISPOSITIONS PARTICULIÈRES.

Mariages.

Dispositions générales.

N° 1. *Décret impérial concernant le mariage des militaires en activité de service* (1).

16 juin 1808.

NAPOLÉON, EMPEREUR DES FRANÇAIS, etc.,

Sur le rapport de notre Ministre de la guerre, notre Conseil d'Etat entendu,

Nous avons décrété et décrétons ce qui suit :

Art. 1er. Les officiers de tout genre, en activité de service, ne pourront à l'avenir se marier qu'après en avoir obtenu la permission par écrit du Ministre de la guerre (2).

Ceux d'entre eux qui auront contracté mariage sans cette permission encourront la destitution et la perte de leurs droits, tant pour eux que pour leurs veuves et leurs enfants, à toute pension et récompense militaire.

Art. 2. Les sous-officiers et soldats en activité de service ne pourront de même se marier qu'après en avoir obtenu la permission du conseil d'administration de leur corps (3).

Art. 3. Tout officier de l'état civil qui, sciemment, aura célébré

---

(1) Ce décret a encore force de loi. (Avis du Conseil d'Etat du 29 avril 1836.)

(2) Ou, par délégation de ses pouvoirs, des généraux gouverneurs ou commandants de corps d'armée. (Circulaire du 18 juillet 1887.)

(3) *Décision ministérielle relative à la délivrance des permissions de mariage aux sous-officiers et soldats.* (C. Min., Correspondance générale.)

Paris, le 2 février 1845.

Le Président du Conseil, Ministre Secrétaire d'Etat de la guerre,

Considérant que dans un corps de troupe fractionné, il existe, dans certains cas, plusieurs conseils d'administration; que de là résultent des doutes sur l'application du décret du 16 juin 1808, relatif à la délivrance des permissions de mariage pour les sous-officiers et soldats;

Considérant que l'ordonnance du 14 avril 1832 et la note ministérielle du 6 septembre 1843 ont remis aux chefs de corps, comme présidents du conseil

le mariage d'un officier, sous-officier ou soldat en activité de service, sans s'être fait remettre lesdites permissions ou qui aura négligé de les joindre à l'acte de célébration du mariage, sera destitué de ses fonctions.

Art. 4. Notre grand-juge Ministre de la justice et nos Ministres de la guerre et de l'intérieur sont chargés, chacun en ce qui le concerne, de l'exécution du présent décret.

Officiers et assimilés.

(Dispositions applicables aux gardes d'artillerie, adoints du génie, officiers d'administration, interprètes militaires, archivistes des bureaux d'état-major.)

Conditions exigées.

N° 1. *Circulaire relative aux permissions à obtenir par les officiers qui désirent se marier,* (C. Min.; Correspondance générale.)

Paris, le 17 décembre 1843.

Messieurs, l'expérience a démontré l'insuffisance des prescriptions réglementaires en vigueur concernant les conditions et justifications imposées aux officiers qui désirent obtenir l'autorisation de se marier.

Dans le but de faire cesser les graves inconvénients auxquels cet état de choses donne lieu, tant pour l'armée que pour les officiers eux-mêmes, j'ai arrêté les dispositions suivantes, qui ne sont, d'ailleurs, que la conséquence des prescriptions du décret du 16 juin 1808, de la loi du 11 avril 1831 sur les pensions, de celle du 19 mai 1834 sur l'état des officiers, et de l'avis du Conseil d'Etat du 16 mars 1836 :

« 1° Les officiers de tous grades et de toutes armes ne pourront obtenir la permission de se marier qu'autant que la personne qu'ils rechercheront leur apportera en dot un revenu, non viager, de 1.200 francs au moins (1).

---

d'administration, le soin de surveiller l'exercice du droit donné à ces conseils par le décret précité,

A décidé, le 20 janvier 1845, que les permissions de mariage, pour les sous-officiers et soldats, à quelque portion du corps qu'ils appartiennent, seront délivrées par le conseil d'administration, soit central, soit éventuel, *que préside le chef de corps.*

(1) Voir, au sujet des exceptions à cette règle :

1° Pour les officiers supérieurs et capitaines demandant l'autorisation d'épouser la fille d'un officier membre de la Légion d'honneur, la décision ministérielle du 17 juin 1847;

2° Pour les officiers, fonctionnaires et employés militaires dont la solde réglementaire est de 5.000 francs, la note ministérielle du 26 juin 1888.

« 2° Toute demande d'un officier tendant à obtenir la permission de se marier devra être transmise au Ministre de la guerre par la voie hiérarchique (1).

« 3° Chaque demande sera accompagnée :

« D'un certificat (*modèle ci-joint*) constatant l'état des parents de la future, le sien, la réputation dont elle jouit ainsi que sa famille, le montant et la nature de la dot qu'elle doit recevoir, et la fortune à laquelle elle peut prétendre; ce certificat sera délivré par le maire du domicile de la future, et approuvé par le sous-préfet de l'arrondissement;

« D'un extrait du projet de contrat de mariage relatant l'apport de la future.

« 4° Le chef de corps, le maréchal de camp subdivisionnaire et le lieutenant général divisionnaire devront, en transmettant la demande, y joindre leur avis motivé sur la moralité de la future épouse, sur la constitution de sa dot et sur la convenance de l'union projetée. A cet effet, ils devront recueillir, par l'intermédiaire de l'autorité militaire du domicile de la future, et donner des renseignements analogues à ceux que doit constater l'autorité civile.

« Les demandes des officiers de troupes employés dans un service spécial, sans cesser d'appartenir à leur corps, seront accompagnées, en outre, de l'avis motivé du chef de ce service.

« 5° Lorsque la future résidera dans une division autre que celle du futur, le lieutenant général de cette dernière division se concertera avec celui de l'autre division, pour obtenir les renseignements indiqués plus haut.

« 6° Dans tous les cas les documents qu'aura obtenus l'autorité militaire devront être transmis au Ministre (2) en même temps que la demande à laquelle ils se rattacheront.

« 7° Dans le mois de la célébration du mariage, l'officier fera parvenir, par la voie hiérarchique, au Ministre de la guerre un extrait du contrat de mariage, en ce qui concerne l'apport de sa femme, délivré par le notaire dépositaire de l'acte.

« 8° Les permissions de mariage qui auront été obtenues ne seront valables que pendant six mois à partir de leur date, sauf au titulaire à en demander le renouvellement, s'il y a lieu, par la voie hiérarchique.

« Cette dernière demande indiquera les rectifications que devraient subir les premiers renseignements fournis et dont, suivant la nature, il serait justifié dans la forme voulue. »

« 9° Les officiers qui auraient contrevenu aux prescriptions ci-dessus ou produit sciemment des pièces dont l'énoncé serait

---

(1) Ou, par délégation de ses pouvoirs, aux généraux gouverneurs ou commandants de corps d'armée. (Circulaire du 18 juillet 1887.)

(2) Voir le renvoi (2) au 2° de la présente circulaire.

reconnu inexact encourraient une peine sévère, conformément à la législation en vigueur. »

Je ne doute pas que l'autorité civile n'apporte l'attention la plus scrupuleuse dans l'établissement des certificats qu'elle aura à délivrer et je compte que MM. les chefs de corps ou de service, les généraux et intendants militaires, chacun en ce qui le concerne, concourront également d'une manière efficace au but des instructions qui précèdent, par le soin qu'ils mettront à instruire les demandes de permission de mariage.

Le président du Conseil,
Ministre Secrétaire d'Etat de la guerre,
Signé : Mal DUC DE DALMATIE.

DÉPARTEMENT
d

ARRONDISSEMENT
d

COMMUNE
d

MODÈLE DU CERTIFICAT

A JOINDRE AUX DEMANDES DE PERMISSION DE MARIAGE PAR LES OFFICIERS.

Nous, maire de la commune d
département d , certifions qu'il résulte des renseignements exacts que nous nous sommes procurés, que Mad (1)
âgée de ans, fille de (2)
et de (3)
demandée en mariage par M. (4)
jouit d'une bonne réputation ainsi que sa famille, et qu'elle aura en mariage (5)
et que ses espérances de fortune peuvent être évaluées à environ (6)

En foi de quoi nous avons délivré le présent certificat.

Fait à , le

(*Signature du Maire.*)

Vu et approuvé par nous, Sous-Préfet de l'arrondissement de

A le

(*Signature du Sous-Préfet.*)

(1) Indiquer le nom, les prénoms et la profession.

(2) Nom, prénoms et profession du père de la future.

(3) Nom, prénoms et profession, s'il y a lieu, de la mère.

(4) Noms, prénoms, grade et corps de l'officier qui doit épouser la future.

(5) Indiquer le montant et la nature de la dot de la future.

(6) Indiquer la nature des espérances, et en préciser la somme.

Apport de la future.

DÉCLARATION D'APPORT.

N° 1. *Circulaire au sujet des permissions de mariage des officiers et assimilés.* (C. Min., Correspondance générale.)

Versailles, le 18 février 1875.

Messieurs, il m'a paru utile de compléter par les dispositions suivantes les prescriptions de la circulaire du 17 décembre 1843, relative aux permissions de mariage des officiers et assimilés :

1° Les déclarations d'apport de la future, *avant* comme *après* le mariage, seront faites désormais par acte notarié.

Cet acte n'exclura pas la production du certificat mentionné au paragraphe 3 de la circulaire précitée.

2° Il ne sera pas tenu compte, dans la composition de l'apport de la future, de la valeur attribuée aux effets, bijoux ou autres objets mobiliers composant son trousseau, ou qui pourront lui être donnés à l'occasion de son mariage.

3° L'apport dotal ne pourra être constitué ni en argent comptant, ni en valeurs au porteur.

4° La dot de la future ne saurait jamais être inférieure à un revenu personnel et non viager de douze cents francs *au minimum* (1).

Le Ministre de la guerre,
Signé : Gal E. DE CISSEY.

N° 2. *Note ministérielle indiquant la formule adoptée pour la rédaction de l'acte notarié que doivent produire les officiers et assimilés qui demandent l'autorisation de se marier.* (C. Min., Correspondance générale.)

Versailles, le 14 avril 1875.

Le Ministre de la guerre, d'accord avec le Ministre de la justice, a arrêté que l'acte notarié à produire à l'avenir par les officiers et assimilés, lorsqu'ils désirent obtenir l'autorisation de se marier, et qui est exigé par la circulaire ministérielle du 18 février 1875, pour les déclarations d'apport de la future, devra être rédigé d'après la formule ci-après :

---

(1) Les exceptions à cette règle sont déterminées au renvoi (1) de la note du 17 décembre 1843.

« DÉCLARATION D'APPORT.

(*A délivrer en brevet.*)

« Par-devant................, ont comparu :

« M. (*Nom, prénoms, grade et domicile du futur époux*),

« D'une part;

« Et Mlle (*Nom, prénoms, qualité et domicile de la future épouse*),

« D'autre part;

« Lesquels, pour se conformer aux prescriptions des circulaires de M. le Ministre de la guerre du 17 décembre 1843 et du 18 février 1875, ont, dans la vue du mariage projeté entre eux, établi ainsi qu'il suit l'apport de Mlle............, future épouse :

« Dans le contrat qui doit régler les clauses et conditions civiles de son mariage avec M........... Mlle.........., comparante, apportera en mariage et se constituera en dot les biens et valeurs dont la désignation suit :

« (*Désigner les biens composant l'apport de la future.*)

« Déclarant et affirmant *sur l'honneur*, ici, les comparants, ès-mains des notaires soussignés, l'existence des biens et valeurs ci-dessus désignés, lesquels seront et demeureront affectés réellement à la constitution de dot, et n'ont été empruntés ni en totalité ni en partie, en vue du mariage projeté.

« Dont acte.

« Fait et passé, etc. »

Si la future épouse était mineure, elle devrait, dans la déclaration dont le modèle précède, être assistée de ceux dont le consentement est nécessaire pour la validité du mariage.

Si une dot devait être constituée ou une donation faite à la future épouse, il y aurait lieu de faire comparaître le donateur avec les futurs époux.

Et dans ce cas, après l'apport personnel constaté comme dessus on ajouterait :

« De son côté, M. (*le donateur*) se propose, dans le même contrat qui doit régler les conditions civiles du mariage de M...... avec Mlle............, de faire à cette dernière une donation dans les termes suivants :

« En considération du mariage projeté, M.......... donne et constitue en dot à Mlle............, future épouse,

« Les biens et valeurs dont la désignation suit :

« (*Désigner les biens et valeurs donnés*) ».

Les chambres de notaires reçoivent les instructions nécessaires en vue de l'emploi du modèle de formule dont il s'agit.

Les prescriptions de la circulaire du 3 juillet 1840 et du paragraphe 7 de la décision ministérielle du 17 décembre 1843 sont d'ailleurs maintenues.

EXCEPTIONS A LA JUSTIFICATION DE L'APPORT DOTAL.

OFFICIER SUPÉRIEUR OU CAPITAINE DEMANDANT A ÉPOUSER LA FILLE D'UN OFFICIER MEMBRE DE LA LÉGION D'HONNEUR.

N° 1. *Décision ministérielle relative à une modification apportée aux conditions de mariage des officiers.* (C. Min.; Correspondance générale.)

Paris, le 17 juin 1847.

Le Pair de France, Ministre Secrétaire d'État de la guerre, a pris, le 17 juin 1847, la décision suivante :

Lorsqu'un officier supérieur ou un capitaine demandera l'autorisation d'épouser la fille d'un *officier membre de la Légion d'honneur*, et que cette personne n'apportera point en dot un revenu, non viager, de 1.200 francs au moins, ainsi qu'il est exigé par l'arrêté ministériel du 17 décembre 1843, la demande, accompagnée de toutes les pièces indiquées par ledit arrêté, devra être adressée au Ministre de la guerre avec l'opinion explicite et motivée du chef du corps, du maréchal de camp et du lieutenant général, sur la suite à donner à la demande.

OFFICIERS DONT LA SOLDE RÉGLEMENTAIRE EST DE 5.000 FRANCS.

N° 1. *Note ministérielle portant que les officiers, fonctionnaires et employés militaires, inscrits sur les contrôles de l'armée, jouissant d'une solde réglementaire de 5.000 francs au moins, sont autorisés à se marier sans que leur future justifie d'un apport dotal.* (C. Min.; Correspondance générale.)

Paris, le 26 juin 1888.

Le Ministre a décidé que les officiers, fonctionnaires et employés militaires dont la solde réglementaire est de 5.000 francs, au moins, pourront être autorisés à se marier sans que leur future ait à justifier d'un apport dotal.

En conséquence, la décision ministérielle du 17 décembre 1843 est modifiée sur ce point.

Les dispositions réglementaires en vigueur, relatives à la demande d'autorisation, ainsi que celles qui déterminent les justifications à produire avant ou après la célébration du mariage, sont maintenues telles qu'elles existent, notamment la décision ministérielle du 17 juin 1847 (1).

---

(1) La production d'un extrait du contrat de mariage n'est pas exigée (Note du 28 mai 1889). Voir la décision visée, au titre qui précède.

Renseignements à prendre par l'autorité militaire.

N° 1. *Circulaire relative aux renseignements à prendre par l'autorité militaire lorsqu'il s'agit d'autoriser le mariage d'un officier.* (C. Min.; Correspondance générale).

Paris, le 25 juin 1863.

Général, la circulaire du 17 décembre 1843, relative aux permissions à obtenir pour les officiers qui désirent se marier, porte, à l'article 4, que le chef de corps, le général subdivisionnaire et le général divisionnaire devront, en transmettant la demande d'autorisation, y joindre leur avis motivé sur la moralité de la future épouse, sur la constitution de sa dot et sur la convenance de l'union projetée.

A cet effet, il leur est prescrit de recueillir, *par l'intermédiaire de l'autorité militaire du domicile de la future,* des renseignements analogues à ceux que doit constater l'autorité civile.

Pour obtenir ces renseignements, l'autorité militaire dont il s'agit ne peut s'adresser ni aux préfets, ni aux sous-préfets, ni aux maires, car elle risquerait de ne recevoir qu'un double du certificat exigé de la future par l'article 3 de la circulaire précitée; or, il s'agit précisément de contrôler ce certificat.

L'autorité militaire a donc l'habitude (lorsque des circonstances fortuites, des relations de société ou la position de famille de la future ne lui fournissent pas les moyens de répondre directement et sans plus ample informé) d'avoir recours à la gendarmerie, et c'est, par le fait, la seule voie qui lui soit ouverte.

Seulement, j'ai eu le regret de constater, à plusieurs reprises, que ces renseignements ne se prenaient pas toujours avec tout le tact que commande une matière aussi délicate. J'appelle donc toute votre attention sur ce point important, et je vous prie de veiller à ce que la mission de prendre ces informations ne soit jamais confiée qu'à des officiers ou à des sous-officiers qui, par leur instruction, par leur éducation et par la connaissance qu'ils ont des localités où ils sont employés, offrent toutes les garanties voulues de réserve et de discrétion. Il est essentiel que chacun se rappelle que ces investigations ne doivent jamais revêtir une forme officielle et qu'elles doivent toujours rester confidentielles.

Le Maréchal de France,
Ministre Secrétaire d'Etat de la guerre.

Signé : RANDON.

Solutions de questions posées relativement à la rédaction des actes notariés et à la transmission des demandes en autorisation de mariage.

N° 1. *Note ministérielle indiquant : 1° la solution de diverses questions relatives à la rédaction des actes notariés à produire par les officiers; 2° le mode de transmission des demandes en autorisation de mariage des officiers des troupe détachés de leur corps dans un des services spéciaux prévus par la loi des cadres.* (C. Min. ; Correspondance générale.)

Versailles, le 14 juillet 1875.

1° *Solution des questions posées.*

Le Ministre de la guerre a été consulté, depuis la promulgation des arrêtés ministériels en date des 18 février et 14 avril 1875, relatifs aux formalités à remplir par les officiers qui demandent l'autorisation de se marier, sur les points suivants :

1° Est-il indispensable que l'officier qui désire se marier comparaisse en personne devant le notaire rédacteur de la déclaration d'apports?

2° Faut-il absolument que la future épouse se constitue *personnellement* la dot réglementaire, et le capital ou la rente que le donateur (ascendant, parent ou ami de la future) déclare vouloir lui constituer en dot à l'occasion du mariage projeté, s'ils reposent sur de bonnes valeurs bien garanties, mais inscrites au nom du donateur, doivent-ils être absolument, avant que le mariage soit effectué, transférés au nom de la future épouse?

Après s'être concerté à ce sujet avec son collègue le Garde des sceaux, Ministre de la justice, le Ministre de la guerre a décidé en réponse à ces deux questions :

1° Que l'officier, futur époux, pourrait, lorsqu'il lui serait impossible d'assister lui-même à la passation de l'acte de déclaration d'apports, être dispensé de cette formalité. Dans ce cas il suffira de l'affirmation sur l'honneur faite par la future et par ses assistants, s'il y a lieu, que les biens et valeurs énoncés dans ladite déclaration, lesquels doivent demeurer affectés réellement à la constitution de sa dot, n'ont été empruntés ni en totalité ni en partie en vue du mariage projeté (Décision ministérielle du 14 avril 1875);

2° Il n'est pas indispensable que la future se constitue personnellement la dot réglementaire. De plus, les valeurs reposant sur de bonnes garanties, mais inscrites au nom du donateur et qu'il déclare affecter à la constitution de la dot de la future épouse, doivent être acceptées dans la déclaration d'apport et la constitution de dot de la future épouse.

2° *Transmission des demandes.*

Les demandes en autorisation de mariage, formées par des officiers de corps de troupe *détachés* de leur corps dans un service spécial, en vertu de la loi du 13 mars 1875, seront instruites et transmises au Ministre (1) par l'intermédiaire des autorités militaires sous les ordres desquelles ces officiers se trouvent momentanément placés.

Cependant, comme ces officiers peuvent être appelés, d'un moment à l'autre, à rentrer au corps dont ils continuent à faire partie, il importe que le chef de ce corps soit appelé à donner son avis sur leur demande. Ce chef de corps formulera cet avis, tant d'après les renseignements qu'il se sera procurés personnellement, que sur le vu des pièces jointes au dossier de la demande, qui lui sera, à cet effet, communiqué par le chef du service spécial sous les ordres duquel l'officier, qui demande à se marier, est momentanément placé.

Le dossier complété, suivant les prescriptions de la décision ministérielle du 17 décembre 1843, par l'exposé de l'opinion des diverses autorités militaires sur le territoire desquelles l'officier est stationné, sera, comme il est dit plus haut, transmis, avec cet avis, au Ministre (Bureau de l'arme) (1).

Cette décision annule toutes celles qui y seraient contraires.

Délégation des pouvoirs du Ministre en vue d'accorder les autorisations de mariage.

N° 1. *Circulaire au sujet de la délégation des pouvoirs du Ministre en vue d'accorder aux officiers et assimilés les autorisations de mariage et de régler en dernier ressort tout ce qui concerne cette question par rapport aux sous-officiers.*

Paris, le 18 juillet 1887.

Mon cher Général, j'ai décidé qu'à l'avenir MM. les gouverneurs militaires et MM. les généraux commandant les corps d'armée accorderont, directement et par délégation des pouvoirs conférés au Ministre de la guerre par décret du 16 juin 1808, les autorisations de mariage demandées dans les conditions régle-

---

(1) Ou, par délégation de ses pouvoirs, aux généraux gouverneurs militaires ou commandants de corps d'armée (Circulaire du 18 juillet 1887).

mentaires par les officiers et assimilés placés sous leurs ordres jusqu'au grade de colonel inclusivement (1).

Les demandes formées par les officiers généraux et assimilés continueront à m'être adressées (*Bureau de la Correspondance générale*).

Il n'est rien changé aux dispositions en vigueur régissant le mariage des officiers, notamment aux prescriptions contenues dans la circulaire du 17 décembre 1843, complétée par celle du 18 février 1875, dans la note ministérielle du 14 avril 1875 relative aux déclarations d'apport, et dans la solution des questions mentionnées à la note ministérielle du 14 juillet 1875.

Dans le cas seulement où une demande d'autorisation de mariage paraîtrait devoir être écartée pour quelque cause que ce soit, elle me serait transmise, accompagnée d'un exposé de la situation ainsi que de l'avis des diverses autorités militaires intéressées; je me réserve de statuer en dernier ressort sur tous les cas litigieux.

Le droit d'accorder l'autorisation de mariage sera toujours dévolu à l'autorité militaire territoriale. En conséquence MM. les généraux commandant les divisions ou brigades d'infanterie stationnées hors de leur région de corps d'armée, MM. les généraux commandant les divisions de cavalerie, MM. les généraux gouverneurs de place et commandants supérieurs de la défense des groupes de places fortes, soumettront au général commandant le corps d'armée ou le gouvernement militaire dans la région duquel ils se trouvent, les demandes d'autorisation de mariage produites par les officiers stationnés dans cette même région.

Lorsqu'il s'agira d'un officier de gendarmerie marié dans sa résidence, ou d'un officier détaché dans le service du recrutement marié dans la subdivision où il est employé, vous aurez à faire connaître si le mariage contracté est de nature à nuire à l'indépendance d'action de l'officier et doit, par suite, entraîner son déplacement.

Comme par le passé, le certificat constatant la célébration du mariage et *l'extrait du contrat réglant l'apport de la femme* continueront à être envoyés au ministère (*Bureau de l'arme*) dans les conditions et les délais fixés par la circulaire du 3 juillet 1840 (2).

---

(1) Sont exceptés de cette délégation les officiers élèves des écoles militaires, y compris les différentes catégories d'officiers qui suivent les cours de l'Ecole d'application de cavalerie, pour lesquels l'autorisation de mariage est réservée au Ministre. (Note ministérielle du 31 décembre 1895 ci-après.)

La même note réserve au Ministre le soin d'accorder les autorisations de mariage aux sous-officiers élèves officiers des écoles militaires.

(2) Délai fixé à un mois.

Seront joints à ces documents, pour être classés aux dossiers des intéressés, les diverses pièces, renseignements, etc., etc., qui auront servi à l'instruction des demandes en autorisation de mariage accordées aux officiers et assimilés sous leurs ordres, (Note du 26 octobre 1888.)

Les mariages des sous-officiers rengagés ou commissionnés continueront à être régis par les circulaires des 24 juillet 1881 et 6 mai 1884 (1), les généraux commandant les corps d'armée prononçant en dernier ressort, au lieu et place du Ministre, lorsque des circonstances particulières ne permettront pas au conseil d'administration d'accorder l'autorisation sollicitée.

Signé : TH. FERRON.

Avis de mariage.

N° 2. *Circulaire prescrivant qu'à l'avenir les avis de mariages contractés par les officiers seront donnés au Ministre de la guerre, au moyen de simples certificats,* sans lettre d'envoi.

Paris, le 3 juillet 1840.

Messieurs, l'instruction du 19 mars 1830, sur la vérification des services des officiers a réglé que les conseils d'administration des corps doivent adresser au Ministre des certificats constatant la célébration des mariages que les officiers ont été autorisés à contracter.

Pour l'exécution de cette instruction, les conseils d'administration envoient, tantôt des copies des actes de mariage, tantôt des certificats délivrés par les maires devant lesquels les mariages ont été contractés, et ces pièces, remises au maréchal de camp commandant la subdivision dans laquelle les régiments sont stationnés, sont ensuite adressées au général commandant la division, qui en fait l'envoi au Ministre par une lettre de transmission.

Pour diminuer les écritures et établir un mode uniforme de justification, j'ai arrêté que les avis de mariage me seront donnés, à l'avenir, au moyen de simples certificats, *sans lettre d'envoi,* dans le délai d'un mois qui suivra la célébration de chaque mariage; ces certificats seront délivrés par les conseils d'administration des corps dont les officiers font partie, d'après un extrait des actes de l'état civil, signé par le maire de la commune où le mariage a eu lieu, et dûment légalisé (2).

La même marche sera suivie pour me donner avis des mariages contractés par les officiers en non-activité ; dans ce cas, ces certificats seront délivrés par les chefs d'état-major des divisions militaires où résident ces officiers.

Le pair de France,
Ministre Secrétaire d'Etat de la guerre,
Signé : CUBIÈRES.

---

(1) Circulaires remplacées par la circulaire du 23 août 1888 et les notes des 5 septembre et 6 novembre 1888.

(2) Voir, ci-après, le modèle de ce certificat.

MODÈLE DE CERTIFICAT DE MARIAGE [1].

(1) Indication de l'autorité militaire sous les ordres de laquelle se trouve l'intéressé.

Nous, soussigné (1),
certifions, d'après l'extrait des registres de l'état civil, que (nom, prénoms, grade et corps)

s'est marié le ,
à la mairie d , arrondissement
d , département d ,
à Mad (nom et prénoms)
en vertu de l'autorisation qui lui a été accordée le
par (2) .

(2) Indiquer l'autorité qui a délivré l'autorisation.

A , *le* 189 .

(Suivent la ou les signatures.)

Officiers qui se marient sans permission. (Pénalité.)

N° 1. *Décision ministérielle portant adoption de l'avis du Conseil d'Etat sur l'application à faire, aux officiers qui se marient sans permission, des dispositions du décret du* 16 *juin* 1808. (Bureau des Lois et Archives.)

Paris, le 29 avril 1836.

1° Le décret impérial du 16 juin 1808, qui porte que les officiers ayant contracté mariage sans la permission du Ministre de la guerre encourent la destitution, etc., a-t-il encore force de loi?

2° L'exécution de ses dispositions peut-elle se concilier avec la loi du 19 mai 1834?

Le Conseil d'Etat a adopté, dans sa séance du 16 mars 1836, l'avis :

1° Que le décret du 16 juin 1808 a encore force de loi;

2° Que M. le Ministre de la guerre, s'il estime qu'il y a lieu de

---

(1) Ce modèle est utilisé pour certifier le mariage des officiers et des sous-officiers et employés militaires n'ayant pas rang d'officier. (Note du 28 novembre 1890, donnant le modèle de ce certificat.)

Nota. — Pour le service de santé, ce certificat est délivré :

Aux officiers du corps de santé et aux officiers d'administration employés dans les hôpitaux, par le *médecin-chef de l'hôpital;*

Aux officiers d'administration des sections d'infirmiers militaires, par le *médecin-chef de l'hôpital dont relève la section,*

Et aux officiers du corps de santé et officiers d'administration affectés aux directions du service de santé ou aux établissements autres que les hôpitaux ressortissant à ces directions (magasins centraux, magasin de réserve, pharmacie centrale, etc.), par le *Directeur du service de santé.*

prononcer la destitution, doit traduire devant un conseil de guerre l'officier qui s'est marié sans sa permission, pour lui être fait application de l'article 1er du décret du 16 juin 1808;

3° Que M. le Ministre de la guerre peut d'ailleurs, suivant les circonstances ou après avoir pris l'avis du conseil d'enquête mentionné par la loi du 19 mai 1834, proposer au Roi la mise en réforme de l'officier, ou proposer sa mise en non-activité, ou infliger quelque autre peine disciplinaire, ou même user d'indulgence.

Officiers en retraite employés dans les services de l'armée.

N° 1. *Note ministérielle relative au mariage des officiers en retraite employés dans les services de l'armée.* (C. Min. ; Correspondance générale.)

Versailles, le 27 janvier 1876.

Le Ministre, consulté sur la question de savoir si les officiers en retraite employés dans quelques-uns des services de l'armée, en vertu des dispositions contenues dans la loi du 13 mars 1875 sur les cadres et les effectifs de l'armée, doivent, avant de contracter mariage, être astreints à l'obligation de se munir de l'autorisation ministérielle, décide que les officiers dont il s'agit, eu égard à leur position de retraite qui les a rendus à la vie civile, et par suite ne les assujettit plus aux formalités prescrites par le décret du 16 juin 1808, peuvent se marier sans autorisation ministérielle.

Toutefois, comme tout ce qui touche à la dignité et à la situation sociale de ces officiers intéresse l'armée à laquelle ils se rattachent encore temporairement par la commission dont ils sont titulaires, ceux d'entre eux qui voudront contracter mariage seront tenus de faire connaître, au préalable, à l'autorité militaire sous les ordres de laquelle ils sont placés, le nom et le domicile de la personne qu'ils veulent épouser, et s'il arrivait que l'alliance dont il s'agit ne présentât pas les conditions d'honorabilité désirables, l'autorité militaire devrait en prévenir le général commandant le corps d'armée dont relève l'intéressé. Sur la proposition de cet officier général, il serait immédiatement privé de son emploi par décision ministérielle.

Officiers de réserve accomplissant une année de service effectif.

N° 1. *Note ministérielle faisant connaître que les officiers de réserve, qui accomplissent une année de service effectif, par application de l'article* 28 *de la loi du* 15 *juillet* 1889-11 *novembre* 1892, *doivent, pour se marier pendant la durée de cette période, obtenir, dans les mêmes conditions que les officiers de l'armée active, l'autorisation de l'autorité militaire.* (C. Min.; Correspondance générale.)

Paris, le 10 juin 1893.

Le Ministre de la guerre a été consulté sur la solution à donner à la question suivante :

Les dispositions de l'article 310 de l'instruction du 28 décembre 1879, refondue, permettant aux officiers de réserve de se remarier sans autorisation, s'appliquent-elles à ceux des ces officiers qui accomplissent une année de service effectif, par application de l'article 28 de la loi du 15 juillet 1889-11 novembre 1892?

Cette question doit être résolue négativement.

En conséquence, les officiers de réserve dont il s'agit, qui voudraient contracter mariage, pendant l'année qu'ils passent sous les drapeaux, devront demander, au préalable, dans les conditions réglementairement imposées aux officiers de l'armée active, l'autorisation de l'autorité militaire.

Militaires des corps de troupe et employés militaires n'ayant pas rang d'officiers.

Sous-officiers rengagés.

N° 1. Le Ministre de la guerre à MM. les Gouverneurs militaires de Paris et de Lyon; les Généraux commandant les corps d'armée. (*C. Min.*; *Correspondance générale.*)

Paris, le 23 août 1888.

(*Mariage des sous-officiers rengagés.*)

Mon cher Général, des décisions ministérielles des 24 juillet et 14 novembre 1881 et du 18 janvier 1882 ont déterminé les conditions sous lesquelles les sous-officiers rengagés peuvent être autorisés à se marier et à toucher l'allocation mensuelle de 15 francs accordée par l'article 6 de la loi du 23 juillet 1881 à ceux qui sont logés en ville.

Les dispositions de ces trois circulaires n'étant pas en complète harmonie entre elles, j'ai jugé qu'il était préférable de les abroger et de les remplacer par les prescriptions suivantes :

1° Conformément à l'article 8 de la loi du 23 juillet 1881, les sous-officiers qui auront contracté un rengagement de cinq ans pourront être autorisés à se marier avant d'avoir accompli la durée intégrale de ce rengagement.

S'ils obtiennent l'autorisation de loger en ville avec leur famille, ils recevront l'allocation mensuelle de 15 francs ; mais ils n'auront droit à toucher l'indemnité de rengagement qu'à l'expiration de la cinquième année de leur rengagement.

2° L'autorisation de se marier sera accordée à ces sous-officiers par les conseils d'administration des corps auxquels ils appartiennent ou par les autres autorités militaires compétentes.

Cette autorisation sera délivrée sur le vu d'un certificat émanant du maire de la commune où réside la future. Ce certificat constatera que la future réunit toutes les conditions de moralité désirables. L'apport en mariage de la future sera établi par acte notarié. Il devra être, au minimum, de 5.000 francs, représentés par des terres ou des valeurs offrant de sérieuses garanties.

Il pourra également consister en une pension, annuelle et non viagère, de 250 francs, présentant une entière sécurité ; les ressources, toujours aléatoires, que la future peut se procurer par son travail quotidien, pas plus que la valeur attribuée à ses effets et objets mobiliers, n'entreront en ligne de compte pour la constitution de l'apport dotal.

L'autorité militaire intéressée recourra à la gendarmerie pour se procurer, sur la situation véritable de la future, des renseignements plus explicites, si elle le juge utile.

Les femmes des sous-officiers ne devront, dans l'intérêt de la discipline, tenir ni café, ni débit, ni cantine.

Lorsque l'autorité militaire compétente croira devoir refuser une autorisation de marige, il en sera rendu compte au général commandant le corps d'armée, avec indication des motifs du refus.

Le général commandant le corps d'armée décidera en dernier ressort.

Les sous-officiers autorisés à loger en ville conserveront leurs droits aux diverses prestations individuelles ; mais ils ne pourront utiliser, comme matériel de couchage, les châlits, matelas, draps ou couvertures des lits militaires.

Dans le cas où les ressources du casernement permettraient de loger dans l'intérieur des bâtiments militaires, convenablement et sans inconvénient d'aucun genre, les sous-officiers mariés, on devra chercher à utiliser les locaux disponibles.

Les présentes dispositions ne s'appliquant qu'aux sous-officiers rengagés, les conseils d'administration continueront à statuer, dans les conditions ordinaires, conformément au décret du 16 juin 1808 et à la décision ministérielle du 2 février 1845, sur les demandes de permission de mariage des hommes de troupe non rengagés, sous la réserve que ces militaires ne pourront loger en ville et percevoir l'allocation mensuelle de 15 francs que lorsqu'ils y auront droit en vertu de l'article 6 de la loi du 23 juillet 1881.

Signé : C. DE FREYCINET.

Sous-officiers commissionnés et sous-officiers non rengagés servant à n'importe quel titre.

N° 1. *Note ministérielle relative au mariage des sous-officiers commissionnés et des sous-officiers non rengagés servant à n'importe quel titre.* (C. Min.; Correspondance générale.)

Paris, le 6 novembre 1888.

La circulaire ministérielle du 23 août 1888 a déterminé, à nouveau, par abrogation des décisions des 24 juillet, 14 novembre 1881 et 18 janvier 1882, les conditions sous lesquelles les sous-officiers *rengagés* peuvent être autorisés à se marier.

Depuis, une note ministérielle du 5 septembre dernier, annulant celle du 6 mai 1884, a rendu les dispositions de la circulaire du 23 août 1888, précitée, applicables aux employés militaires de l'artillerie n'ayant pas rang d'officier (gardiens de batterie et ouvriers d'état).

Par extension de ces dispositions, le Ministre décide que les mêmes règles seront observées pour le mariage des sous-officiers *commissionnés* des diverses armes et divers services (infanterie, recrutement, cavalerie, justice militaire, artillerie, génie, services administratifs, service de santé).

Par exception, pour les autorisations de mariage des militaires de la gendarmerie (sous-officiers, brigadiers et gendarmes), rien ne sera changé aux prescriptions du décret du 1er mars 1854 (1) et de la circulaire ministérielle du 21 août suivant, qui en ont réglé les conditions.

Quant aux autorisations de mariage des sous-officiers *non rengagés* ou *non commissionnés* provenant des appels ou des engagements volontaires, elles continueront à être délivrées par les conseils d'administration, dans les mêmes conditions que par le passé. Elles ne seront concédées que *dans des cas exceptionnels*.

Il n'est rien changé non plus à ce qui a été déterminé par la circulaire du 16 avril 1879 pour le mariage des sous-officiers stagiaires du génie.

---

(1) Actuellement art. 321 du règlement du 10 juillet 1897 sur le service intérieur de la gendarmerie.

Caporaux ou brigadiers rengagés ou commissionnés inscrits au tableau d'avancement.

N° 1. *Note ministérielle relative au mariage des caporaux ou brigadiers rengagés ou commissionnés inscrits au tableau d'avancement.* (Cabinet du Ministre; Correspondance générale.)

Paris, le 24 mars 1897.

Le Ministre, consulté sur la question de savoir quelle règle il y a lieu de suivre, en ce qui concerne l'apport de la future, pour le mariage des caporaux ou brigadiers rengagés ou commissionnés inscrits au tableau d'avancement, a décidé que ces caporaux ou brigadiers doivent être assimilés, au point de vue de la dot à exiger de la future, aux sous-officiers rengagés ou commissionnés.

Sous-officiers et employés militaires n'ayant pas rang d'officier.

N° 2. *Note ministérielle relative aux autorisations de mariage à délivrer aux gardiens de batterie et aux ouvriers d'état.* (C. Min.; Correspondance générale.)

Paris, le 5 septembre 1888.

Le Ministre a décidé que les dispositions de la circulaire du 23 août 1888, relative au mariage des sous-officiers rengagés, seront applicables aux employés militaires de l'artillerie n'ayant pas rang d'officier (gardiens de batterie et ouvriers d'état).

Un extrait du contrat et un certificat constatant la célébration du mariage de tout gardien de batterie ou ouvrier d'état continueront, toutefois, à être adressés à l'administration centrale. Cette dernière pièce devra faire connaître la date de l'autorisation de mariage, ainsi que l'autorité militaire qui aura accordé l'autorisation.

La présente note annule celle du 6 mai 1884.

N° 3. *Note ministérielle du* 20 *novembre* 1889 *relative aux pièces servant à l'instruction des demandes en autorisation de mariage, complétée par la note du* 17 *mars* 1890. (C. Min.; Correspondance générale.)

Note du 20 novembre 1889 :

La note ministérielle du 26 octobre 1888 (1) prescrit l'envoi au

(1) Cette note figure, dans un renvoi, à la circulaire du 18 juillet 1887, page 109.

ministère de la guerre (*Bureau de l'arme*), pour être classés aux dossiers des intéressés, des diverses pièces, renseignements, etc., ayant servi à l'instruction des demandes en autorisation de mariage des officiers et assimilés (1).

Dans l'intérêt du service, le Ministre de la guerre décide que la prescription ci-dessus sera étendue désormais aux autorisations de mariage accordées aux sous-officiers et employés militaires n'ayant pas rang d'officier, qui font partie des catégories ci-après, savoir :

Sous-officiers élèves de l'Ecole militaire d'infanterie ou de l'Ecole d'application de cavalerie; gardiens de batterie; ouvriers d'état des services de l'artillerie et du génie; sous-officiers d'artillerie inscrits au tableau d'avancement pour les grades de garde d'artillerie, de gardien de batterie ou d'ouvrier d'état; portiers-consignes; adjudants élèves d'administration des services administratifs.

Addition (note du 17 mars 1890) :

Les interprètes militaires auxiliaires de 1re et de 2e classe;

Les sous-officiers proposés pour l'Ecole militaire d'infanterie et pour l'Ecole d'application de cavalerie;

Les sous-officiers élèves officiers de l'Ecole militaire de l'artillerie et du génie;

Les sous-officiers des corps de troupe candidats à ladite Ecole;

Les chefs armuriers et les ouvriers immatriculés des manufactures inscrits au tableau d'avancement pour le grade de contrôleur d'armes de direction ou de manufacture;

Les sous-officiers du génie inscrits au tableau d'avancement pour les grades d'adjoint du génie et d'ouvrier d'état;

Les adjudants sous-officiers des sections de commis et ouvriers militaires d'administration.

Les autorités militaires intéressées devront assurer, chacune en ce qui la concerne, quand il y aura lieu, l'exécution de la présente décision.

---

(1) Un certificat de mariage est joint à ces pièces (voir le modèle, page).

NOTA. — Les demandes d'autorisation de mariage formées par les sous-officiers élèves officiers des écoles militaires sont soumises à l'approbation du Ministre (note du 11 décembre 1893 modifiée par la note du 31 décembre 1897, page 119, ci après).

Contrôleurs d'armes et candidats à cet emploi inscrits au tableau d'avancement.

N° 1. *Note ministérielle relative aux autorisations de mariage à accorder aux chefs armuriers et aux ouvriers immatriculés des manufactures inscrits au tableau d'avancement pour l'emploi de contrôleur d'armes.* (D. Art.; Personnel de l'Artillerie et des Equipages militaires.)

Paris, le 15 octobre 1894.

Aux termes de la décision ministérielle du 13 mars 1844 (1), les personnes recherchées en mariage par les contrôleurs d'armes sont tenues d'apporter en dot un revenu annuel de 400 francs.

Le Ministre a décidé qu'il y avait lieu d'exiger les mêmes conditions d'avoir de la future pour les chefs armuriers et les ouvriers immatriculés des manufactures qui seraient inscrits, à l'avenir, au tableau d'avancement pour l'emploi de contrôleur d'armes. Toutefois, ceux d'entre eux qui désireraient passer outre à ces conditions auraient la faculté de ne pas les remplir, sous la réserve qu'ils seraient rayés du tableau d'avancement.

En conséquence, les demandes en autorisation de mariage soumises aux conseils d'administration des corps de toutes armes ou aux directeurs des établissements de l'artillerie devront être accompagnées, le cas échéant, d'une déclaration d'apport notariée constatant que la dot de la future épouse est d'un revenu annuel et non viager de 400 francs au minimum.

Dans le mois qui suivra la célébration du mariage, les chefs armuriers et les ouvriers immatriculés des manufactures qui n'auront pas été rayés du tableau d'avancement devront faire parvenir à l'administration centrale, par la voie hiérarchique, un extrait de leur contrat de mariage sur papier libre, auquel l'autorité militaire joindra les différentes pièces ou renseignements dont l'envoi est prescrit par la note ministérielle du 17 mars 1890, ainsi qu'un certificat de mariage conforme au modèle annexé à la note ministérielle du 28 novembre suivant (2).

Sous-officiers du génie candidats officiers et candidats adjoints.

N° 2. *Mariage des sous-officiers du génie candidats officiers et candidats adjoints, et de ceux inscrits au tableau d'avancement pour adjoints.* (4e Direction, 1er Bureau.)

Paris, le 22 juillet 1895.

Messieurs, j'ai décidé, par modification aux prescriptions de

---

(1) Décision sans utilité à l'exception de la fixation de la dot.
(2) Voir le modèle de ce certificat, page 111.
Ce certificat doit être également produit pour les contrôleurs d'armes.

ma dépêche du 8 décembre 1879 (4e Direction, 1er Bureau), que le mariage des sous-officiers du génie proposés pour le grade de sous-lieutenant ou d'adjoint cesserait d'être soumis aux conditions exigées pour le mariage des officiers et des adjoints. Mais une fois mariés, ces sous-officiers ne seront admis à subir les examens d'admission à l'Ecole de Versailles ou les épreuves du concours pour adjoint que si, par leur situation sociale, la manière de vivre, les relations et l'éducation de leur femme, ils sont jugés par l'autorité militaire capables de tenir leur rang dans le personnel des officiers.

Quant aux sous-officiers inscrits au tableau d'avancement pour adjoints, on ne devra, comme par le passé, les autoriser à se marier qu'autant que leurs futures rempliront les conditions déterminées par la circulaire du 8 avril 1876 relative au mariage des adjoints du génie (1), qu'ils soient ou non détachés à l'état-major particulier du génie en qualité de sous-officiers stagiaires. La demande de mariage sera transmise, par le directeur du génie ou le colonel du régiment dont dépend le sous-officier, au général commandant le corps d'armée qui, lorsque les conditions réglementaires se trouveront satisfaites, invitera le conseil d'administration intéressé à délivrer l'autorisation sollicitée, et qui m'en référera dans les cas litigieux mentionnés dans la circulaire précitée.

J'ai l'honneur de vous prier de vouloir bien assurer, chacun en ce qui vous concerne, l'exécution des dispositions qui précèdent, lesquelles annulent et remplacent celles contenues dans la dépêche du 8 décembre 1879 et dans les lettres collectives des 16 avril 1879 et 9 juin 1888.

Gal ZURLINDEN.

Elèves officiers et officiers élèves des Écoles militaires.

N° 1. *Note ministérielle du* 11 *décembre* 1893 *relative aux autorisations de mariage à accorder aux élèves officiers des écoles militaires modifiée par la note du* 31 *décembre* 1897. (C. Min.; Correspondance générale.)

Extrait de la note du 11 décembre 1893 :

Le Ministre, consulté sur la question de savoir dans quelles conditions doivent être accordées les autorisations de mariage

---

(1) Les adjoints du génie sont soumis aux mêmes règles que les officiers. Circulaire visée sans utilité et, par suite, non reproduite.

aux élèves-officiers des écoles militaires, décide, à ce sujet, ce qui suit :

Les élèves officiers des écoles militaires, étant appelés à devenir à bref délai officiers ou assimilés, doivent être traités, au point de vue du mariage, comme les officiers et assimilés.

Les personnes recherchées en mariage par les élèves officiers doivent, comme celles que désirent épouser des officiers ou assimilés dont la solde est inférieure à 5.000 francs, apporter en dot un revenu annuel et non viager de 1.200 francs au minimum.

Note du 31 décembre 1897.

Par modification aux prescriptions de la circulaire du 18 juillet 1887, toutes les demandes d'autorisation de mariage formées par les élèves des écoles militaires et instruites dans la forme ordinaire, seront soumises à l'approbation du Ministre.

Cette décision s'applique aux officiers élèves aussi bien qu'aux élèves officiers.

En ce qui concerne l'Ecole d'application de cavalerie, la dénomination d'officiers élèves comprend les différentes catégories d'officiers qui suivent les cours de cette école.

Militaires des sections d'infirmiers et de commis et ouvriers d'administration.

N° 1. *Note ministérielle relative aux autorisations de mariage concernant les militaires des sections d'infirmiers et de commis et ouvriers militaires d'administration.* (C. Min. ; Correspondance générale.)

Versailles, le 23 juin 1877.

Les autorisations de mariage à accorder aux sous-officiers, caporaux et soldats des sections d'infirmiers militaires et de commis et ouvriers militaires d'administration leur seront désormais exclusivement délivrées par MM. les gouverneurs militaires ou les généraux commandant les corps d'armée sous les ordres desquels les sections dont ces militaires font partie se trouvent placées, et sur la proposition de leurs chefs hiérarchiques.

Sous-officiers, brigadiers et gendarmes.

N° 1. *Note ministérielle relative au libellé des autorisations de mariage accordées aux sous-officiers, brigadiers de gendarmerie et gendarmes.* (Bureau de la Gendarmerie) (1).

Paris, le 11 mars 1841.

MODÈLE D'AUTORISATION DE MARIAGE.

Conformément à la loi du 11 avril 1831, et à l'article 2 du décret du 16 juin 1808;
Nous soussignés, membres du Conseil d'administration d
autorisons le sieur (nom, prénoms, grade et résidence) *à*
contracter mariage avec d (nom et prénoms) *fille*
d *et de* *domiciliée à*
canton d *arrondissement d*
département d

A *, le* 18 .

Vu et approuvé :
Le Chef de légion,

N° 2. Le Ministre de la guerre à MM. les Chefs des légions de gendarmerie, au sujet du mariage des militaires de la gendarmerie.

Paris, le 21 août 1854.

Messieurs, l'article 539 du décret du 1er mars 1854 (1), en laissant aux conseils d'administration des compagnies de gendarmerie le soin de délivrer aux sous-officiers, brigadiers et gendarmes des permissions de mariage, prescrit à ces conseils de s'assurer que la future possède des ressources suffisantes pour ne pas être à la charge du militaire qui désire l'épouser.

Si la quotité des ressources n'a pas été précisée dans le décret, c'est que les conditions à exiger pour garantir le bien-être d'un ménage peuvent varier suivant les localités, suivant la profession de la future, et suivant les avantages que sa position de famille lui assure. Il se peut aussi que le militaire ait par lui-même ou par sa famille des ressources qui lui permettent une alliance peu avantageuse au point de vue matériel, mais conve-

---

(1) Voir l'article 321 du règlement du 10 juillet 1897 sur le service intérieur de la gendarmerie, et le modèle n° 8 (Certificat de mariage) annexé à ce règlement, auquel doivent être jointes les pièces de renseignements, etc., etc., ayant servi à l'instruction de la demande.

nable à tous autres égards ; que la future ne fasse quant à présent aucun apport et qu'elle justifie d'espérances qui assurent l'avenir. Dans ces différents cas, la réalisation d'une somme d'argent déterminée ne doit pas être exigée, comme condition absolue de la permission de mariage.

Ce qu'il importe principalement aux conseils d'administration d'apprécier, c'est si l'alliance projetée n'est pas de nature à nuire à la considération personnelle du militaire, ou à augmenter ses charges de manière à le mettre dans l'obligation de contracter des dettes.

Ces explications m'ont paru nécessaires pour garantir partout la saine interprétation de l'esprit du décret du 1er mars (1). Vous les notifierez aux conseils d'administration des compagnies sous vos ordres, et vous veillerez à ce qu'ils s'y conforment ponctuellement.

Jeunes soldats des classes.

N° 1. *Circulaire au sujet du mariage des jeunes soldats des classes.* (D. Inf. ; Recrutement.)

Paris, le 22 juillet 1890

Mon cher Général, j'ai été consulté sur l'époque à partir de laquelle les jeunes soldats des classes ne peuvent plus contracter mariage sans la permission de l'autorité militaire.

Aux termes d'une circulaire du 3 décembre 1883, concertée entre les départements de l'intérieur et de la guerre, les jeunes soldats des classes, appelés en vertu de la loi du 27 juillet 1872, étaient libres de contracter mariage sans autorisation jusqu'à la date initiale du service fixée par ladite loi (1er juillet de l'année du tirage au sort).

La loi du 15 juillet 1889 ayant reporté cette date au 1er novembre, c'est à partir du 1er novembre que cesse désormais pour les jeunes soldats la faculté de se marier sans autorisation préalable.

Comme par le passé, cette faculté subsiste pour les ajournés jusqu'à l'époque où cessent pour eux les effets de l'ajournement, c'est-à-dire jusqu'au 1er novembre de l'année où le conseil de revision les déclare aptes au service armé.

Signé : C. DE FREYCINET.

---

(1) Aujourd'hui art. 321 du règlement du 10 juillet 1897 sur le service intérieur de la gendarmerie.

Divorce.

N° 1. *Note relative aux avis à donner au ministère de la guerre des divorces prononcés à l'égard d'officiers ou assimilés.* (C. Min.; Correspondance générale.)

Paris, le 17 avril 1886.

Aux termes d'une circulaire, en date du 3 juillet 1840 (*Journal Militaire*, tome III, pages 633 et 634), les conseils d'administration des corps ou établissements militaires doivent donner au Ministre (*Bureau de l'arme*) avis des mariages contractés par des officiers. Ces avis sont rédigés dans la forme indiquée par le modèle annexé à la dite circulaire (certificat de mariage), d'après les extraits des actes de l'état civil.

En ce qui concerne les officiers en disponibilité ou en non-activité, les certificats les concernant sont délivrés par les chefs d'état-major des corps d'armée où résident ces officiers.

La loi du 27 juillet 1884 ayant rétabli le divorce, il convient, afin que l'état civil des officiers et assimilés soit toujours tenu à jour, de donner avis au Ministre, dans les mêmes formes que pour le mariage, des divorces d'officiers ou assimilés, régulièrement prononcés (art. 294 du Code civil). A cet effet, les conseils d'administration des corps ou établissements militaires ou les généraux commandant les corps d'armée, selon le cas, mettent les officiers ou assimilés, divorcés, en demeure de se procurer et de fournir un extrait régulier des actes de l'état civil constatant que leur divorce est prononcé.

N° 2. *Note ministérielle modifiant et complétant celle du 17 avril 1886, relative à la production des extraits des actes de l'état civil constatant les divorces prononcés à l'égard d'officiers ou assimilés.* (C. Min.; Correspondance générale.)

Paris, le 27 avril 1893.

Afin que l'état civil des officiers et assimilés soit toujours tenu à jour, la note ministérielle du 17 avril 1886 a prescrit de donner avis au Ministre, dans les mêmes formes que pour le mariage, des divorces des officiers ou assimilés, régulièrement prononcés. Cette note ajoute qu'à cet effet, les conseils d'administration des corps ou établissements militaires, ou les généraux commandant les corps d'armée, selon le cas, mettront les officiers ou assimilés divorcés en demeure de se procurer et de fournir un extrait régulier des actes de l'état civil constatant que leur divorce a été prononcé.

Pour que cette pièce puisse être délivrée sans frais, il est nécessaire qu'elle soit demandée par l'autorité militaire, dans un intérêt administratif.

Les expéditions d'actes de divorce concernant des membres de l'armée devront, en conséquence, être demandées à l'autorité civile par les conseils d'administration ou les généraux, auxquels les intéressés devront, à cet effet, donner avis de leur divorce dès qu'il aura été prononcé.

Décès.

Décès à l'intérieur, en Algérie et en Tunisie.

N° 1. *Extrait du décret du* 25 *novembre* 1889, *portant règlement sur le service de santé à l'intérieur.*

Art. 66 (modifié par le décret du 19 juillet 1896). Quand un militaire présent au corps vient à décéder à la caserne ou dehors, le médecin chef de service constate le décès. Il appartient à l'officier, quel que soit son grade, qui commande la compagnie, de faire immédiatement la déclaration du décès à l'officier de l'état civil du lieu pour qu'il puisse opérer conformément à la loi.

Après que les formalités légales ont été remplies et à moins de dispositions contraires prises par la famille, le décédé est reçu à titre de dépôt, sur le vu d'un certificat (modèle 16 *bis*) établi par le médecin chef de service, à l'hôpital militaire ou à l'hospice civil du lieu.

Le médecin chef de service rend compte au chef de corps et au directeur du service de santé, dans un rapport circonstancié, des causes du décès; le rapport adressé au chef de corps est transmis au Ministre.

En cas de mort violente, le corps ne peut être enlevé et transporté à l'hôpital militaire ou à l'hospice civil que lorsqu'un officier de police judiciaire a rempli les formalités légales.

Les conseils d'administration des corps de troupe préviennent sans délai la famille des décédés, en se conformant pour l'envoi de cet avis aux prescriptions ci-après reproduites.

Les effets et valeurs formant la succession du militaire décédé sont remis à l'hôpital ou à l'hospice, qui demeure chargé de la liquidation, conformément à l'article 453.

Lorsque le corps du militaire décédé n'est pas déposé dans un hôpital militaire ou un hospice civil, soit qu'il n'existe pas d'établissement hospitalier dans la localité, soit que la famille s'oppose au transport, le conseil d'administration se fait délivrer par l'officier de l'état civil un extrait de l'acte de décès qu'il adresse immédiatement, par la voie hiérarchique, au Ministre.

Avis à donner.

Art. 283. L'officier d'administration gestionnaire donne, sans délai, avis du décès à la famille, lorsque le militaire décédé était en activité de service (officier, sous-officier et soldat) ou, s'il appartenait au personnel de l'armée de mer, aux corps de la gendarmerie, de la garde républicaine et des sapeurs-pompiers de la ville de Paris.

Cet avis est adressé par le télégraphe au maire de la commune où sont domiciliés les parents du militaire décédé ; il est conforme au modèle n° 65.

Il est toujours taxé, et peut être expédié soit par la poste, soit par exprès, jusqu'à la localité destinataire, si celle-ci ne possède pas de bureau télégraphique.

En cas d'emploi de l'exprès, il est déposé au départ des arrhes dont la liquidation s'opère ultérieurement.

Il est toujours délivré à l'officier d'administration gestionnaire qui en fait la demande un récépissé des télégrammes privés expédiés dans ces conditions, moyennant versement du droit fixe de 10 centimes afférent à chaque récépissé. Le montant intégral des taxes télégraphiques perçues à l'occasion de l'envoi de chaque télégramme est inscrit par les receveurs du télégraphe sur chaque récépissé. Cette dépense est supportée par le service de santé.

L'officier d'administration gestionnaire donne également, et sans délai, avis du décès au commandant d'armes et au corps, par bulletin (modèle n° 46).

En cas de décès d'un officier ou assimilé, le Ministre est directement informé par télégramme officiel.

Pour toutes les catégories de malades autres que celles prévues au premier aliénéa du présent article, les frais résultant des avis de décès sont payés sur les fonds du service de santé, sauf remboursement, dans les mêmes conditions que les frais de sépulture.

Déclaration à transmettre par l'officier d'administration gestionnaire à l'officier de l'état civil.

Art. 284. L'officier d'administration gestionnaire adresse, dans les vingt-quatre heures, à l'officier de l'état civil du lieu, une déclaration (modèle n° 66) dont toutes les indications sont remplies conformément à l'instruction ministérielle relative aux actes de l'état civil des militaires ; la date de l'entrée à l'hôpital et celle du décès y sont inscrites en toutes lettres. Cette déclaration, sur laquelle on doit mentionner le numéro matricule du décédé et la désignation de la maladie ou de la blessure qui a occasionné la mort, est certifiée par le médecin traitant et par l'officier d'administration gestionnaire.

L'officier de l'état civil constate le décès conformément à la loi.

Extraits du registre des décès.

Art. 290. Immédiatement après l'inscription du décès sur le registre des décès, il est établi par l'officier d'administration gestionnaire deux extraits (modèle n° 68) dudit registre, lesquels, après avoir été certifiés par le médecin-chef, sont adressés :

Le premier, sans aucun retard, au maire du dernier domicile du décédé. Si le militaire décédé est né hors de France ou s'il a sa famille à l'étranger, cet extrait, au lieu d'être adressé au maire du dernier domicile, est envoyé par bordereau spécial au Ministre de la guerre.

Le second, mensuellement, au directeur du service de santé qui l'adresse au Ministre de la guerre (*Direction du Service de Santé*). La transmission en est faite au bureau des archives par les soins de cette direction.

Décès des officiers employés dans les colonies autres que l'Algérie et la Tunisie.

N° 2. Le Ministre de la guerre à MM. les Gouverneurs militaires de Paris et de Lyon, les Généraux commandant les corps d'armée et la division d'occupation de Tunisie. (*C. Min.; Correspondance générale.*)

Paris, le 7 septembree 1895.

Avis de décès des officiers employés dans les colonies autres que l'Algérie et la Tunisie.

Mon cher Général, afin que les familles des officiers de l'armée de terre employés dans les colonies autres que l'Algérie et la Tunisie puissent être avisées dans le plus bref délai en cas de décès, j'ai arrêté les dispositions suivantes qui n'ont d'ailleurs pas cessé d'être en usage depuis 1885 :

1° Pour les officiers des corps de troupe,

Un avis télégraphique sera adressé par les directions aux conseils d'administration des corps de troupe, qui devront prévenir sans retard la famille de l'officier avec tous les ménagements possibles;

2° Pour les officiers sans troupe, fonctionnaires et employés militaires, un avis télégraphique sera adressé par les directions au commandant du corps d'armée de qui relevait, avant son départ pour les colonies, l'officier, le fonctionnaire ou l'employé militaire intéressé.

Le commandant du corps d'armée notifiera le décès directement à la famille, si son domicile actuel est connu, ou, dans le cas contraire, par l'intermédiaire du maire du dernier domicile.

Toutes ces notifications seront, d'une manière générale, faites par le télégraphe.

J'ai l'honneur de vous prier de vouloir bien porter ces dispositions à la connaissance des chefs de corps sous vos ordres, et en assurer l'exécution en ce qui vous concerne, le cas échéant.

Gal Zurlinden.

Décès au Tonkin et en Annam.

N° 1. *Note ministérielle relative aux avis de décès concernant les militaires employés au Tonkin et en Annam.* (C. Min. ; Correspondance générale.)

Paris, le 10 décembre 1886.

Le Ministre rappelle que les conseils d'administration des corps de troupe qui ont des militaires employés au Tonkin et dans l'Annam doivent, sans aucun retard, donner télégraphiquement et au fur et à mesure qu'ils en sont prévenus, avis des décès de ces militaires aux maires des communes où résident les familles intéressées ; cet avis doit mentionner succinctement la date et la cause du décès.

En vue de dégager la responsabilité de l'autorité militaire des lenteurs qui peuvent se produire dans la transmission de ces avis aux familles, le Ministre prescrit qu'il sera tenu, dans chacun des corps de troupe que cette mesure concerne, un état spécial sur lequel seront mentionnées la date de la réception par le corps de l'avis du décès et la date de l'envoi de la dépêche télégraphique ou postale au maire chargé d'informer, avec les ménagements convenables, la famille du décédé.

Le Ministre rendra les chefs de corps responsables de tout retard, non justifié par un cas de force majeure, qui sera apporté dans la communication à faire aux autorités municipales,

---

Avis des décès en temps de guerre.

N° 3. *Décision ministérielle chargeant les bureaux de comptabilité des corps de troupe d'aviser, en temps de guerre, les familles du décès des militaires.* (Service intérieur ; Archives administratives.)

Paris, le 24 avril 1897.

Le Ministre a décidé *qu'en temps de guerre* ou *en cas d'expédition quelconque*, les bureaux de comptabilité des corps de troupe (créés par l'article 6 du décret du 10 juin 1889 sur la comptabilité des corps de troupe en campagne) seront chargés de transmettre aux familles les avis concernant les décès que leur notifiera, par la voie la plus rapide, l'administration de la guerre (Service intérieur, — Bureau des archives administratives), dès qu'elle les connaîtra au moyen des actes mortuaires expédiés directement par les officiers de l'état civil.

Les corps de troupe possèdent déjà, à l'aide de leurs contrôles spéciaux, la double indication du domicile des militaires de l'armée active et de celui des parents.

Pour que la notification dont il s'agit puisse s'étendre indistinctement aux familles de tous les militaires présents sous les drapeaux en temps de guerre, les dispositions suivantes ont été adoptées, et le Ministre, dans un intérêt d'ordre public, ne saurait trop recommander qu'on s'y conforme strictement.

En ce qui concerne :

1° Les officiers de réserve et de l'armée territoriale ;

2° Les militaires de la disponibilité, de la réserve active et de l'armée territoriale, dont le domicile est également connu des corps de troupe qu'ils doivent rallier, il sera nécessaire qu'au moment de la mobilisation, ils fassent connaître à ce corps, qui laissera le renseignement au bureau de comptabilité, le domicile exact avec la désignation du *membre de la famille* ou de *la personne* à qui les communications les concernant pourraient être faites pendant la campagne.

Semblable indication sera donnée aussi, et même lorsqu'il s'agira simplement d'une expédition :

Soit par les officiers,

Soit par les hommes de troupe de l'armée active, pour le cas où, depuis leur incorporation, ils se seraient mariés, ou les pères et mère seraient décédés.

Scellés.

N° 1. *Décret réglant les conditions dans lesquelles peuvent être apposés les scellés au décès des officiers de l'armée de terre.*

Paris, le 22 janvier 1890.

LE PRÉSIDENT DE LA RÉPUBLIQUE FRANÇAISE,

Vu l'arrêté des consuls du 13 nivôse an X, relatif à l'apposition des scellés après le décès des officiers généraux ou supérieurs, des commissaires ordonnateurs, des inspecteurs aux revues et des officiers du service de santé ;

Vu l'instruction du 13 février 1848, rendue en exécution de l'arrêté précité ;

Vu les articles 907 et suivants du Code de procédure civile ;

Le Conseil d'Etat entendu;
Sur le rapport du Ministre de la guerre,

DÉCRÈTE :

Art. 1er. Aussitôt après le décès d'un maréchal de France, d'un officier général ou assimilé, d'un officier supérieur ou assimilé chef de corps ou de service de l'armée de terre, en activité de service ou en retraite, l'autorité militaire peut requérir le juge de paix du lieu de décès d'apposer, en présence du maire de la commune ou de son adjoint, les scellés sur les meubles contenant des papiers, cartes, plans ou mémoires militaires, susceptibles d'intéresser le département de la guerre, trouvés au domicile du défunt.

Art. 2. La réquisition est adressée directement au juge de paix compétent d'après les règles ci-après :

Par le général commandant la région militaire, pour tout officier et assimilé compris dans les catégories énumérées à l'article 1er, résidant dans l'étendue de la région;

Par le Ministre de la guerre, dans tous les autres cas (maréchaux de France, officiers généraux chargés de missions spéciales, officiers généraux membres du conseil supérieur de la guerre, officiers généraux commandant les régions et gouverneurs militaires, les présidents des comités d'armes, fonctionnaires du contrôle de l'administration de l'armée, intendants généraux, médecin inspecteur général, médecins et pharmacien inspecteurs).

Art. 3. L'apposition des scellés peut également être faite au décès de tout officier ou fonctionnaire militaire de l'armée de terre, quel que soit son grade, qui aura rempli une mission spéciale ou qui sera supposé détenteur de pièces ou documents quelconques intéressant le département de la guerre.

Art. 4. Tous les documents militaires reconnus de nature à intéresser le département de la guerre seront remis à l'officier chargé d'assister à la levée des scellés et envoyés, selon le cas, soit au Ministre de la guerre, soit au général commandant la région.

Les documents qui ne seront pas la propriété particulière du décédé pourront être conservés, s'il y a lieu, pour être versés aux archives du ministère de la guerre ou remis au successeur de l'officier défunt.

Art. 5. Les Ministres de la justice et de la guerre sont chargés, chacun en ce qui le concerne, de l'exécution du présent décret, qui sera inséré au *Bulletin des Lois*.

Fait à Paris, le 22 janvier 1890.

Signé : CARNOT.

Par le Président de la République :

Le Ministre de la guerre,
Signé : C. DE FREYCINET.

Le Garde des sceaux,
Ministre de la justice et des cultes,
Signé : THÉVENET.

N° 2. *Circulaire relative à l'application du décret du 22 janvier 1890, réglant les conditions dans lesquelles peuvent être apposés les scellés au décès des officiers de l'armée de terre.* (C. Min.; Correspondance générale.)

Paris, le 22 janvier 1890.

Mon cher Général, en vue d'épargner, dans la plus large mesure possible, aux familles des officiers décédés en activité de service ou en retraite les difficultés et dépenses nécessitées par l'apposition obligatoire jusqu'ici des scellés sur les papiers militaires des défunts, tout en sauvegardant, en l'espèce, les droits de l'Etat, M. le Président de la République a signé, à la date du 22 janvier courant, un décret aux termes duquel les scellés ne seront plus apposés, à l'avenir, au domicile des officiers énumérés dans ce décret que *sur la réquisition expresse* de l'autorité militaire.

J'ai l'honneur de vous faire connaître qu'il convient de se conformer, pour l'application de ce décret, aux dispositious suivantes concertées avec M. le Ministre de la justice :

DE L'APPOSITION DES SCELLÉS.

Aussitôt après le décès d'un maréchal de France, d'un officier général ou assimilé, d'un officier supérieur ou assimilé chef de corps ou de service, en activité de service ou en retraite, le maire du domicile du décédé informe de ce décès l'autorité militaire (Ministre de la guerre ou général commandant la région) suivant les distinctions énumérées dans l'article 2 du décret précité.

Si l'autorité militaire estime qu'il y a lieu d'apposer les scellés, elle adresse, dans le plus bref délai possible, une réquisition à cet effet au juge de paix du canton du décédé.

Ce magistrat appose alors les scellés sur les papiers, cartes, plans et mémoires militaires délaissés par le décédé et prévient soit le Ministre de la guerre, soit le général commandant la région, suivant le cas, de la date et de l'heure de la levée des scellés, afin qu'un officier soit désigné d'office pour assister à la levée de ces scellés avec le juge de paix et les représentants de la famille.

Le juge de paix ne pourra se dispenser de procéder à l'apposition des scellés lorsqu'il en sera requis par l'autorité militaire.

Dans le cas où l'apposition des scellés aura été faite ainsi qu'il est dit ci-dessus uniquement dans l'intérêt de l'Etat, les frais d'apposition et de levée seront supportés par le budget du ministère de la guerre (*Justice militaire*).

A l'égard des officiers visés aux articles 1er et 3 du décret précité, décédés en campagne, les fonctionnaires du corps de l'intendance militaire exercent les fonctions attribuées aux juges de paix.

DE LA LEVÉE DES SCELLÉS.

Dès la réception de l'avis du juge de paix faisant connaître la date et l'heure de la levée des scellés, le Ministre de la guerre ou le général commandant la région, suivant le cas, désigne un officier pour assister à la levée des scellés.

En campagne, cette désignation est faite par le général commandant l'armée, ou le corps d'armée, ou la division, selon le cas, qui rendra compte au Ministre de la guerre.

L'autorité militaire veille à ce qu'aucun retard ne soit de son fait apporté à la levée des scellés.

DE L'EXAMEN DES DOCUMENTS SCELLÉS.

A la levée des scellés, l'officier délégué procède avec soin à l'examen et au tri des documents militaires; il est guidé, dans le choix de ces documents, par le catalogue annexé à l'instruction du 13 février 1848.

Les objets ou documents reconnus appartenir au département de la guerre, ou qui seraient de nature à l'intéresser, sont inventoriés séparément avec indication de ceux qui seraient la propriété particulière du décédé; tous sont pris en charge par l'officier délégué qui en donne un reçu.

Le général commandant la région, après examen des documents en question, les adresse au Ministre de la guerre avec ampliation de l'inventaire et du reçu de l'officier délégué s'ils sont de nature à être conservés aux archives du département de la guerre; on remet au successeur du défunt les documents intéressant son service.

Les documents qui auront été reconnus être la propriété privée du décédé seront renvoyés à sa famille.

Si le Ministre de la guerre le juge opportun, il a le droit de demander la distraction des pièces dont le défunt était propriétaire, afin de les conserver, mais à charge de les faire estimer de concert avec les héritiers ou ayants droit et d'en acquitter la valeur sur les fonds du budget de la guerre.

Telles sont les dispositions auxquelles on devra se conformer à l'avenir en ce qui concerne l'apposition et la levée des scellés au domicile des catégories d'officiers de l'armée de terre décédés en activité de service ou en retraite, énumérés dans le décret en date de ce jour.

Vous remarquerez que ce décret enlevant aux juges de paix toute initiative en cette matière, c'est à l'autorité militaire qu'il appartiendra désormais de requérir, sous sa responsabilité, l'apposition des scellés dans les cas où cette mesure sera jugée indispensable.

Tout en n'usant de cette faculté qu'avec réserve, il ne vous échappera pas que, dans l'intérêt du pays, il convient que les scellés continuent à être apposés chez les officiers ou fonctionnaires militaires décédés qui auraient occupé des positions militaires, politiques ou diplomatiques importantes, ou qui auraient été chargés de missions spéciales.

L'instruction du 13 février 1848 est rapportée, sauf le catalogue des pièces annexé à cette instruction, auquel il y aura lieu de continuer à se reporter comme il est dit ci-dessus.

Signé : C. DE FREYCINET.

N° 3. *Catalogue des pièces de toute nature à remettre au département de la guerre, après le décès des officiers généraux, des officiers supérieurs chefs de corps ou de service et des intendants militaires.*

(13 février 1848.)

(Cette notice ne comprend que les pièces de la période de 1790 à nos jours. Il doit être entendu que tous les papiers de même nature appartenant à des périodes antérieures seront pareillement recueillis. On a cru inutile d'allonger la nomenclature ci-contre, de pareils documents historiques ne devant se rencontrer que beaucoup plus rarement.)

1° Les arrêtés de l'Assemblée nationale ou constituante et la *correspondance* (1) de chacun de ses membres comme fonctionnaires, en original ou en copie.

2° Les arrêtés de l'Assemblée législative et la correspondance de chacun de ses membres comme fonctionnaires, en original, etc.

3° Les arrêtés de la Convention nationale et la correspondance de chacun de ses membres, en original, etc.

4° Les arrêtés du Comité de Salut public et la correspondance de chacun de ses membres, en original, etc.

5° La correspondance des délégués du Comité de Salut public ou du représentant du peuple près les armées de la République avec le Comité lui-même, et pour tout ce qui se rattache à leurs fonctions, en original, etc.

6° La correspondance des comités central révolutionnaire, de défense, de sûreté générale et de surveillance à l'intérieur, et celle particulière à chacun de leurs membres comme fonctionnaires, en original, etc.

7° La correspondance des douze commissaires institués par le Comité de Salut public, en remplacement des Ministres, en original, etc.

8° La correspondance des membres du conseil exécutif, en original, etc.

---

(1) Par ce mot, on entend ici, comme dans tous les articles suivants, les lettres, soit politiques, soit militaires, soit administratives, reçues et adressées, tant en minute qu'en expédition.

9° Les arrêtés du Directoire exécutif et la correspondance de chacun de ses membres comme fonctionnaire, en original, etc.

10° La correspondance des membres du Conseil des Anciens, relative à leurs actes comme représentants, en original, etc.

11° La correspondance des membres du Conseil des Cinq-Cents, relative à leurs actes comme représentants, en original, etc.

12° La correspondance des commissaires du Directoire près les départements et en Italie ou autres pays conquis, soit avec le Directoire, soit avec les généraux en chef ou autres des armées de la République, Ministres, etc., en original, etc.

13° La correspondance des administrateurs des départements avec le Directoire, pour tout ce qui concerne leurs fonctions, en original, etc.

14° La correspondance des consuls de la République française près des cours étrangères avec le Directoire ou les généraux commandant les armées, corps d'armée, etc., en original, etc.

15° Les arrêtés et la correspondance des trois consuls de la République, en original, etc.

16° Les arrêtés et la correspondance du premier consul Bonaparte jusqu'à l'époque de son couronnement comme empereur, en original, etc.

17° La correspondance de l'empereur Napoléon, soit militaire, soit politique, soit administrative, tant pour l'intérieur que pour l'extérieur, en original, etc.

Tout ce qui porte soit une signature, soit une annotation, soit un simple approuvé de l'Empereur.

18° La correspondance des souverains, princes ou alliés de la famille impériale, provenant de l'intérieur ou de l'extérieur, en original, etc.

19° La correspondance des souverains et princes étrangers, alliés ou ennemis de la France, en original, etc.

20° La correspondance du major général Alexandre Berthier, tant pour l'intérieur que pour l'extérieur, en original, etc.;

21° La correspondance du Ministre de la guerre.

22° La correspondance des maréchaux de l'Empire, généraux commandant en chefs, tant pour l'intérieur que pour l'extérieur, en original, etc.

23° La correspondance des généraux de division, généraux de brigade, de toutes armes, adjudants généraux, adjudants commandants, tant pour l'intérieur que pour l'extérieur, en original, etc.

24° La correspondance des colonels chefs d'état-major, colonels et chefs de corps de toutes armes, tant pour l'intérieur que pour l'extérieur, en original, etc.

25° La correspondance des commandants d'armes, de places, de postes, etc., tant pour l'intérieur que pour l'extérieur, en original, etc.

26° La correspondance des intendants généraux d'armée et intendants des provinces conquises ou alliées, en original, etc.

27° La correspondance des commissaires ordonnateurs en chef des guerres, commissaires ordonnateurs et ordinaires des guerres et adjoints, tant pour l'intérieur que pour l'extérieur, en original, etc.

28° La correspondance des inspecteurs en chef aux revues, inspecteurs, sous-inspecteurs et adjoints, tant pour l'intérieur que pour l'extérieur, en original, etc.

29° La correspondance des payeurs généraux d'armée, corps d'armée, payeurs divisionnaires et payeurs dans les places, tant pour l'intérieur que pour l'extérieur, en original. etc.

30° La correspondance des Ministres ayant département et ministres d'Etat, tant pour l'intérieur que pour l'extérieur, en original, etc.

31° La correspondance des directeurs généraux et sous-directeurs des différents services publics, secrétaires généraux, administrateurs généraux et autres, tant à l'intérieur qu'à l'extérieur, en original, etc.

32° La correspondance des préfets, sous-préfets, maires et adjoints, etc., etc.

33° La correspondance des ambassadeurs français à l'étranger, en original, etc.

34° La correspondance des chargés d'affaires français à l'étranger en original, etc.

35° La correspondance des ambassadeurs étrangers, en original, etc.

36° La correspondance des chargés d'affaires étrangers, en original, etc.

37° La correspondance des officiers généraux et officiers de tout grade des armées alliées ou ennemies de la France, en original, etc.

38° La correspondance des officiers généraux et officiers de tout grade des armées étrangères, en original, etc.

39° Tous les registres de correspondance, d'ordres, etc., de quelque nature qu'ils soient, provenant des armées ou corps d'armée des places françaises ou places ennemies occupées par nos troupes, soit ceux provenant des armées, corps d'armée ennemis ou places occupées par leurs troupes.

40° Les bulletins d'armées, corps d'armée, corps expéditionnaires, manuscrits ou imprimés.

41° Les ordres du jour d'armées, corps d'armée, corps expéditionnaires, manuscrits ou imprimés.

42° Les traités, conventions, capitulations, en original ou en copie, manuscrits ou imprimés.

43° Les procès-verbaux de remises de territoires et de places avec les états joints à ces procès-verbaux.

44° Les journaux d'opérations des armées, corps d'armée, corps expéditionnaires, divisions, brigades, etc., cartes, croquis ou calques joints à ces journaux d'opérations.

45° Les mémoires historiques des demi-brigades, régiments, bataillons, etc., cartes, croquis, calques, etc.

46° Les états de situations d'armées, corps d'armée, corps de troupes et fractions de corps de toutes armes, tant pour l'intérieur que pour l'extérieur, en original, etc.

47° Les tableaux d'organisation et de formation d'armées, corps d'armée, corps de troupes et fractions de corps de toutes armes, tant pour l'intérieur que pour l'extérieur.

48° Les registres de greffe, de cours prévôtales, conseils de guerre, etc. Les libellés des jugements rendus et expéditions de ces jugements, soit imprimés, soit manuscrits,

Et subsidiairement :

Les mémoires accompagnés de leurs cartes, plans, croquis et calques; les précis, les notes, les reconnaissances, etc., se rapportant, soit à des projets non suivis d'exécution, inventions ou essais, soit à des faits accomplis, tant à l'intérieur qu'à l'extérieur, en Europe ou hors d'Europe, avec ou sans nom d'auteur, de quelque nature que soient ces documents et à quelque époque qu'ils appartiennent;

Enfin, toute pièce portant *timbre*, soit du ministère de la guerre, soit du dépôt général de la guerre, soit des cabinets topographiques de l'Empereur et du Roi, et qui, par conséquent, doivent faire retour à ces administrations.

APPROUVÉ :

20 février 1848.

Le Pair de France,
Ministre Secrétaire d'Etat de la guerre,

Signé : TREZEL.

N° 4. *Note ministérielle faisant connaître les conditions dans lesquelles il y a lieu d'apposer les scellés au décès des officiers des divers corps* de la marine. (C. Min.; Correspondance générale.)

Paris, le 26 septembre 1889.

Le Ministre de la guerre a été informé que l'apposition des scellés était souvent faite d'office, lors du décès d'officiers *en retraite* des divers corps *de la marine*. Cette manière de procéder n'étant pas conforme aux prescriptions en vigueur et étant, en outre, onéreuse soit pour le budget du département de la marine, soit pour les familles, le Ministre fait connaître aux différentes autorités militaires qu'aux termes d'un décret du 31 décembre 1886, rendu sur la proposition du Ministre de la marine et des colonies, les scellés ne doivent plus être apposés, après la mort d'un officier de l'un des corps *de la marine*, que lorsqu'il décède *en activité de service* et seulement *sur la réquisition expresse* de l'autorité maritime.

Jury.

N° 1. *Note ministérielle faisant connaître que, d'après l'article 3 de la loi du 21 novembre 1872 sur le jury, les officiers généraux du cadre de réserve et les officiers en disponibilité ne sont point dispensés des fonctions de juré.* (C. Min.; Correspondance générale.)

Versailles, le 10 janvier 1873.

Aux termes de l'article 3 de la loi du 21 novembre 1872 sur le jury, les fonctions de juré sont incompatibles avec celles de militaire en activité de service et pourvu d'un emploi.

Le Ministre a été consulté sur la question de savoir si cet article est applicable aux officiers généraux du cadre de réserve et aux officiers en disponibilité.

Cette question doit être résolue par la négative pour les uns comme pour les autres.

Ce ne serait que dans le cas où, par suite de rappel à l'activité, ces officiers généraux du cadre de réserve et les officiers en disponibilité viendraient à être pourvus d'un emploi, que l'article 3 précité de la loi du 21 novembre 1872 leur serait applicable.

Contributions (personnelle et mobilière).

N° 1. *Extrait de la loi du 21 avril 1832, en ce qui intéresse l'armée.* (*Bulletin des lois*, 9e série, 1re partie, 1er sem. 1832, page 118.)

Art. 14. Les officiers de terre ou de mer ayant des habitations particulières, soit pour eux, soit pour leur famille, les officiers sans troupe, officiers d'état-major, officiers de gendarmerie et de recrutement, les employés de la guerre et de la marine dans les garnisons et dans les ports, les préposés de l'administration des douanes, sont imposables à la contribution personnelle et mobilière, d'après le mode et dans la même proportion que les autres contribuables.

Art. 15. Les fonctionnaires, les ecclésiastiques et les employés civils et militaires, logés gratuitement dans les bâtiments appartenant à l'Etat, aux départements, aux arrondissements, aux communes ou aux hospices, sont imposables d'après la valeur locative des parties de ces bâtiments affectées à leur habitation personnelle.

Art. 16. Les habitants qui n'occupent que des appartements garnis ne seront assujettis à la contribution mobilière qu'à raison de la valeur locative de leur logement, évalué comme un logement non meublé.

Art. 21. La contribution personnelle et mobilière étant établie pour l'année entière, lorsqu'un contribuable viendra à décéder dans le courant de l'année, ses héritiers seront tenus d'acquitter le montant de sa cote.

Art. 22. En cas de déménagement hors du ressort de la perception, comme en cas de vente volontaire ou forcée, la contribution personnelle et mobilière sera exigible pour la totalité de l'année courante.

Art. 27 . . . .

« Les fonctionnaires, les ecclésiastiques et les employés civils et militaires, logés gratuitement dans les bâtiments appartenant à l'Etat, aux départements, aux arrondissements, aux communes ou aux hospices, seront imposés nominativement pour les portes et fenêtres des parties de ces bâtiments servant à leur habitation personnelle. »

N° 2. *Circulaire relative aux renseignements à fournir aux contrôleurs des contributions directes, chargés de procéder au recensement des patentables et à la formation des matrices.* (Direction du Contrôle, Bureau du Contentieux.)

Paris, le 30 novembre 1883.

Mon cher Général, les contrôleurs des contributions directes, chargés de procéder annuellement au recensement des patentables et à la formation des matrices, sont tenus, avant de commencer ce recensement, de recueillir tous les renseignements propres à leur faire éviter les omissions et les erreurs.

En ce qui concerne le département de la guerre, des considérations de service ne permettant pas de donner libre accès dans les divers bureaux de l'administration militaire aux contrôleurs des contributions directes pour opérer des recherches sur place, il importe que les renseignements qu'ils demanderont par écrit aux fonctionnaires de l'intendance militaire et aux chefs des divers services leur soient adressés sans retard.

J'ai l'honneur de vous prier de vouloir bien donner les instructions les plus formelles à cet égard.

Pour le Ministre :
Le Sous-Secrétaire d'Etat,
Signé : CASIMIR-PERIER.

N° 3. *Circulaire relative aux contributions personnelle et mobilière dues par les généraux divisionnaires.* (Service intérieur.)

Paris, le 23 juin 1888.

Mon cher Général, dans une pensée bienveillante pour quelques situations particulières, très limitées à l'origine, une circulaire ministérielle du 8 avril 1858 avait réglé que les contributions des hôtels servant de quartier-général aux divisions militaires, telles qu'elles étaient constituées à cette époque, seraient à l'avenir acquittées par chaque général au prorata du temps pendant lequel avait duré son commandement.

Cette circulaire dérogeait formellement, et, il faut bien le dire, d'une manière arbitraire, au principe consacré par les articles 21 et 22 de la loi du 21 avril 1832, et d'après lequel les contributions personnelle et mobilière établies pour l'année sont exigibles, en totalité, du contribuable inscrit au rôle à la date du 1er janvier.

Néanmoins, à la suite des modifications intervenues dans notre organisation militaire, les dispositions précitées avaient été successivement appliquées, par extension, à tous les officiers généraux, de plus en plus nombreux, pourvus de logements gratuits, soit par l'Etat, soit par les municipalités.

Des réclamations n'avaient pas tardé à se produire et il en était résulté, entre les occupants successifs, des difficultés dont mes prédécesseurs ont dû fréquemment se préoccuper et auxquelles il me paraît actuellement indispensable de mettre un terme, en revenant, à l'égard des officiers généraux comme de tous autres officiers ou fonctionnaires logés dans les bâtiments militaires, à l'application pure et simple de la loi.

J'ai décidé, en conséquence, que la circulaire du 8 avril 1858 cesserait de recevoir son application à partir du 1er janvier 1889 et que tout officier général titulaire, au moment de l'établissement des rôles, d'un logement à titre gratuit, rentrerait, à dater de la même époque, dans le droit commun.

Jusque-là, vous continuerez à me soumettre les contestations qui pourraient s'élever encore entre les occupants et vous me ferez connaître, conformément aux instructions précédentes, les périodes de non-occupation, afin que je sois en mesure de prendre telles dispositions que comporteront ces cas particuliers jusqu'à la fin de l'année courante. Il ne pourra, d'ailleurs, m'être adressé aucune proposition tendant à modifier les décisions prises par mes prédécesseurs.

Si toutefois, après le retour à la stricte application de la loi du 21 avril 1832, qui fait l'objet de la présente décision, il se produisait, notamment par l'admission à la retraite au début d'une année ou par suite du décès d'un officier général, quelque situation qui vous parût particulièrement intéressante, il vous appartiendrait de m'en rendre compte, à titre tout à fait exceptionnel.

Signé : C. DE FREYCINET.

Note.

Officiers de l'armée territoriale accomplissant volontairement un stage.

N° 1. *Avis du Conseil d'État sur la question de savoir si un officier de l'armée territoriale admis à faire un stage volontaire dans un corps de troupe de l'armée active, a le droit, pendant la durée de ce stage, de prendre part aux votes qui ont lieu dans la commune où il est inscrit comme électeur.*

CONSEIL D'ETAT.

Extrait du registre des délibérations, sections réunies des Finances, de la Guerre, de la Marine et des Colonies, de l'Intérieur, de la Justice, de l'Instruction publique, des Cultes et des Beaux-Arts.

(Séance du 7 février 1877.)

AVIS.

Les sections réunies des Finances, etc., et de l'Intérieur, de la Justice, de l'Instruction publique, des Cultes et des Beaux-Arts, du Conseil d'Etat, consultées par M. le Ministre de la guerre sur la question de savoir si un officier de l'armée territoriale admis, dans l'intérêt de son instruction militaire, à faire un stage volontaire dans un corps de troupe de l'armée active, a le droit, pendant la durée de ce stage, de prendre part aux votes qui ont lieu dans la commune où il est inscrit comme électeur ;

Vu la dépêche du Ministre de la guerre, en date du 19 janvier 1877 ;

Vu la loi du 27 juillet 1872 (1) sur le recrutement de l'armée, notamment l'article 5 ;

Vu la loi du 24 juillet 1873, relative à l'organisation générale de l'armée, notamment les articles 21, 30, 35 et 40;

Vu la loi du 13 mars 1875, notamment l'article 45, et le décret du 15 juillet 1875, rendu par délégation dudit article ;

Vu la loi organique du 30 novembre 1875, sur l'élection des députés ;

Vu la circulaire ministérielle du 10 mai 1876, au sujet de l'instruction des officiers de l'armée territoriale ;

Considérant que d'après les dispositions de l'article 2 de la loi organique du 30 novembre 1875, sur l'élection des députés, conformes à celles de l'article 5 de la loi du 27 juillet 1872 (1) sur le recrutement, les militaires et assimilés de tous grades et de toutes armes des armées de terre et de mer, en non-activité, ont le droit de voter dans la commune sur les listes de laquelle ils sont régulièrement inscrits ;

Considérant qu'aux termes de l'article 21 de la loi du 24 juillet 1873, relative à l'organisation générale de l'armée, les hommes de l'armée territoriale ne peuvent être mis en activité que par un appel collectif comprenant une ou plusieurs classes ;

Que la règle est générale et ne fait d'exception qu'en ce qui touche le personnel désigné par l'article 29 de la même loi ;

Qu'il en résulte que, tant que cet acte de mobilisation n'est pas intervenu, aucun militaire de l'armée territoriale, en dehors du personnel désigné par l'article 29, ne peut être appelé individuellement à l'activité et, par suite, être privé du droit électoral ;

Considérant, d'ailleurs, que les conditions dans lesquelles se trouve l'officier de l'armée territoriale diffèrent essentiellement de celles de l'activité ;

Qu'il n'est pas au corps de l'armée où il fait son stage par suite de convocation, mais de sa propre volonté ;

Qu'il ne reçoit pas de solde ;

Qu'il n'a pas le droit de punir, et, par conséquent, ne peut commander ;

Qu'il ne peut lui-même être puni que dans des formes spéciales, en dehors de l'ordre hiérarchique ;

Considérant que si l'article 40 de la loi du 24 juillet 1873, relative à l'organisation générale de l'armée, dispose que « les officiers de l'armée territoriale sont, pendant la durée de leur présence sous les drapeaux, considérés comme étant en activité », ces mots « *présents sous les drapeaux* » ne sauraient s'appliquer à un officier venu volontairement à un corps de l'armée où il ne commande pas et où il n'est retenu par aucun lien ;

Qu'il résulte, au contraire, du rapprochement des articles 21 et 30 de la loi du 24 juillet 1873 avec l'article 40, que les dispositions de cet article n'ont en vue que les officiers de l'armée territoriale régulièrement convoqués, dont elles ont pour but de déterminer la situation pendant et après la mobilisation ;

Que si, d'autre part, le décret du 15 juillet 1875 dispose, dans son article 12, que « les officiers ou assimilés qui, pour assister à

---

(1) Actuellement loi du 15 juillet 1889 (art. 9).

une cérémonie publique, ou dans toute autre circonstance, auront revêtu leur uniforme, seront considérés comme présents au corps et soumis aux mêmes règles de discipline et aux mêmes juridictions que s'ils étaient en activité de service », ce décret, rendu par délégation de l'article 45 de la loi du 13 mars 1875, relative à la constitution des cadres et effectifs de l'armée active et de l'armée territoriale, est spécial « *aux positions des officiers et assimilés commissionnés du Cadre de réserve servant au titre auxiliaire* »,

SONT D'AVIS :

Qu'il y a lieu de résoudre la question posée par M. le Ministre de la guerre dans le sens des observations qui précèdent.

Cet avis a été délibéré et adopté par les sections réunies des Finances, etc., et de l'Intérieur, etc., dans leur séance du 7 février 1877.

Signé : DE HAM, maître des requêtes, rapporteur;
V. GROUALLE, président de section, présidant les sections réunies,
et A. FOUQUIER, maître des requêtes, secrétaire général du Conseil d'Etat.

CERTIFIÉ CONFORME :

Le Maître des requêtes,
Secrétaire général du Conseil d'Etat,

Signé : A. FOUQUIER.

Paris et Limoges. — Imp. et lib. milit. Henri CHARLES-LAVAUZELLE.

Paris et Limoges. — Imprimerie militaire Henri CHARLES-LAVAUZELLE.

www.ingramcontent.com/pod-product-compliance
Lightning Source LLC
Chambersburg PA
CBHW070807290326
41931CB00011BA/2160

* 9 7 8 2 0 1 3 5 0 8 9 1 9 *